アクチュアル
民事の訴訟

The Actual Civil Procedure

［補訂版］

福永 有利＋井上 治典
著

中島 弘雅＋安西 明子
補訂

有斐閣
yuhikaku

は し が き

　本書は，民事の訴訟がどのようにして起こされ，その後，訴訟手続がどのように展開し推移していくか，訴訟の手続の外（法廷外）で，どのような準備や折衝がなされるのかを，一つの医療過誤事件をもとにして描き出したものである。事例とされた事件は，実際にあった医療過誤事件を参考にしながら，しかし，その事件とは独立に，私たちが創作したものである。したがって，本書は特定の事件のドキュメントではない。事件の進行や訴訟手続については，現実の訴訟のやり方にできるだけ合わせるとともに，手続上の重要な事項をできるだけ顕在化させるように努めた。書名を『アクチュアル 民事の訴訟』とした所以である。

　事前の規制を廃止し，事後的な救済なかんずく訴訟による権利保護に委ねるべきであるという主張が支配的となりつつある現在，民事訴訟の重要性が広く認識され，訴訟も多少身近な存在となったと思われる。しかし，それでも，なお民事訴訟は縁遠いものであり，その訴訟を規律する民事訴訟法は，著しく難解な法であると思われている。このことは，平成16年4月から開校された法科大学院での授業においても痛感させられた。多くの法学部でのこれまでの授業では，体系書にしたがった講義と個々の判例研究が講じられるのみであった。私たちは，訴訟法の講義では，訴訟の流れ全体をしっかり頭に入れたうえで，個々の手続や制度がいかなる手続段階で問題となるかを把握し，また，裁判にかかわる関係者の活動は，法廷の中だけで行われるものではなく，裁判所外で，また裁判所内でも法廷の外で，さまざまに展開され，それらによって訴訟が動いていくことを読者に理解してもらうことも必要であると考えている。本書が，民事訴訟法や民事裁判実務を学習するためのステップとして役立つことを期待している。なお，本文の後に，「演習問題」を掲げた。自習用として，または教授用として活用されれば幸いである。

　私たちは，以前に，法学部の学生のみならず，民事の訴訟に関心のある一般の方にも，民事訴訟の実態を知っていただくために，本書の前身とも言うべき

本を他の出版社から出版したことがある。そして，この本は，かなり好評であったが，このたび，絶版とした。平成15年の民事訴訟法の改正を取り入れるために，かなり大幅な修正を必要としたという事情もあったが，それ以上に，どのような人を主たる読者対象とするかについての考え方に変化があったことが大きく影響している。私たちは，特に法科大学院の院生や法学部の学生たちに本書を読んでいただきたいと考えている。そのため，叙述の正確さを期するために，やや読み辛くなった箇所があるかもしれない。演習問題を入れたのも同様な配慮による。とは言え，もともと「ものがたりふう」に書かれているので，一般の方々の利用にも十分耐えうるものと思われる。

なお，本書がなるについては，成蹊大学の安西明子助教授に多大の協力をしていただいた。その作業量からすると共著者に数えてもよいほどであるが，あえてそうしないで，私たち2名の共著ということにした。本書の上梓の機会に，安西さんに対し深く感謝したい。また，有斐閣書籍第一部の酒井久雄部長および田顔繁実氏には，原稿の整理や校正だけではなく，内容の企画の段階でも，いろいろ有益な示唆をいただいた。ここに記して厚くお礼を申し上げたい。

平成17年2月4日

福　永　有　利
井　上　治　典

補訂にあたって

　本書は，平成 17（2005）年 4 月 10 日に刊行され，好評を博してきた福永有利・井上治典著『アクチュアル民事の訴訟』の補訂版である。福永有利先生から，われわれ 2 人に対して，ご生前，原著に必要な補訂を加えて改めて刊行して欲しいとのご依頼があったことを受けて，補訂作業を進めてきた。

　補訂の方針としては，本文については，特に加筆・訂正の必要を認めた箇所以外には，基本的に手を加えないこととし，各章末の解説を中心に加筆・訂正・追加を行うことにした。ただし，証拠保全申立書は，原著には付いていなかったが，あった方が便宜かと考え，新たに追加した。本書には多くの表が出てくるが，その内容をアップデートした。これらの補訂作業により，本書が，今後も長く多くの読者に読み継がれていくことを祈念してやまない。

　今回の補訂に際しては，福永，井上両先生のご家族のご好意あるご了解をいただくことができた。厚くお礼を申し上げる。また，有斐閣書籍編集第一部部長の高橋均さんと，同編集部の渡邉和哲さんの熱意なしには，この時期に本書補訂版を刊行することはできなかった。改めてお礼を申し上げたい。

　　　平成 28 年 2 月 4 日

中　島　弘　雅
安　西　明　子

〔著　者〕

福永有利（ふくなが　ありとし）

1935年，加古川市に生まれる。1958年，神戸大学法学部卒業
関西大学教授，広島大学教授，北海道大学教授，神戸大学教授，帝塚山大学教授，同志社大学教授を歴任
神戸大学名誉教授，北海道大学名誉教授

2015年　逝去

主　著　『新種・特殊契約と倒産法』（商事法務研究会，1988年），『注釈民事訴訟法(5), (6)』（共編著）（有斐閣，1995年，1998年），『民事訴訟当事者論』（有斐閣，2004年），『倒産法研究』（信山社，2004年），『民事執行・保全法』（有斐閣，2007年）

井上治典（いのうえ　はるのり）

1941年，下関市に生まれる。1963年，九州大学法学部卒業
甲南大学教授，立教大学教授，神戸大学教授，九州大学教授，立教大学教授を歴任

2005年　逝去

主　著　『多数当事者訴訟の法理』（弘文堂，1981年），『多数当事者の訴訟』（信山社，1992年），『民事手続論』（有斐閣，1993年），『対話型審理──「人間の顔」が見える民事裁判』（共編著）（信山社，1996年），『実践　民事訴訟法』（有斐閣，2002年），『民事手続の実践と理論』（信山社，2003年），『設題　民事訴訟法』（信山社，2005年）

〔補訂者〕

中島弘雅（なかじま　ひろまさ）

1954年に生まれる。1976年，東北大学法学部卒業
現　在　慶應義塾大学大学院法務研究科教授

主　著　『現代倒産手続法（有斐閣アルマ）』（共著）（有斐閣，2013年），『民事執行・民事保全法（有斐閣リーガルクエスト）』（共著）（有斐閣，2010年），『体系倒産法Ⅰ〔破産・特別清算〕』（中央経済社，2007年）

安西明子（あんざい　あきこ）

1968年に生まれる。1991年，九州大学法学部卒業
現　在　上智大学法学部教授

主　著　『手続からみた子の引渡し・面会交流』（共著）（弘文堂，2015年），『民事訴訟法（有斐閣ストゥディア）』（共著）（有斐閣，2014年），「宗教団体の内部紛争に関する近時の裁判例検討──争点形成の観点から」栂善夫先生・遠藤賢治先生古稀祝賀『民事手続における法と実践』（成文堂，2014年）

目　次

第1章　弁護士に会う　　1
　1　中之条医師に会う　2
　2　法律相談に行く　3
　3　草津法律事務所にて　7
　4　証 拠 保 全　13
　5　病院側の対応　18
　　〔第1章　解説〕(21)

第2章　訴訟の提起　　25
　6　大曲弁護士の加入　26
　7　訴　 状　28
　8　訴状の点検と送達　31
　9　被告側の対応　34
　10　答 弁 書　38
　　〔第2章　解説〕(41)

第3章　弁論の開始　　45
　11　第1回口頭弁論期日　46
　12　準備書面の交換　50
　13　弁論準備手続の開始　53
　14　専門委員関与の決定　55
　15　被告の見解　56
　　〔第3章　解説〕(60)

第4章　争点の整理　　65
　16　専門委員を交えての弁論準備手続　66
　17　審 理 計 画　68

18　当事者照会とその回答　69
19　花巻医師への証言要請　72
20　争点整理に向けた提出書面の作成　74
21　争点の整理　78
　　〔第4章　解説〕(81)

第5章　証拠（人証）の申出と証拠調べの策定　85

22　原告側からの人証の申出　86
23　被告ら側からの人証の申出　88
24　「報告書」の提出と人証申請についてのやりとり　89
25　証拠決定と尋問の手順　91
26　文書の提出拒否と文書提出命令の申立て　92
27　録音テープ反訳書の提出　96
28　結果陳述書と和解の打診　101
　　〔第5章　解説〕(103)

第6章　本人尋問と証人尋問　107

29　口頭弁論に戻る　108
30　緑川和子の供述　110
31　深町美津子の証言　121
32　被告中之条猛の供述　126
　　〔第6章　解説〕(138)

第7章　鑑定と最終弁論　141

33　鑑定をめぐるやりとり　142
34　鑑定の準備と鑑定決定　143
35　鑑定の実施と鑑定書の提出　145
36　鑑定人質問　147
37　最終弁論　150
　　〔第7章　解説〕(153)

第8章　和解の不調と判決の言渡し　　155

- 38　和解の開始　156
- 39　和解の不調と弁論の終結　159
- 40　裁判官の合議と判決の起案　160
- 41　判決とその言渡し　162
  〔第8章　解説〕（170）

第9章　控訴の提起　　175

- 42　被告側の亀裂　176
- 43　控訴の提起　180
- 44　原告側の附帯控訴，審理の開始　181
- 45　和解の成立　183
- 46　エピローグ　187
  〔第9章　解説〕（189）

事件経過表（191）
『アクチュアル　民事の訴訟』の演習問題（195）
事項索引（207）

本書のコピー，スキャン，デジタル化等の無断複製は著作権法上での例外を除き禁じられています。本書を代行業者等の第三者に依頼してスキャンやデジタル化することは，たとえ個人や家庭内での利用でも著作権法違反です。

第1章　弁護士に会う

1　中之条医師に会う
2　法律相談に行く
3　草津法律事務所にて
4　証 拠 保 全
5　病院側の対応

1 中之条医師に会う

　由佳の葬儀を終えてまもなく20日。緑川和子は，食卓に座って，娘の由佳が座っていた子供用のイスをボーとながめていた。クマ柄の座ぶとんが，あの時のまま置かれている。

　緑川和子は，意を決してもう一度中之条医師に会うことにした。今度は，オジの桜田建三にも同行してもらうことにした。

　緑川は，3年前に夫を亡くして以来，何かあるとオジの桜田に相談することにしていた。

　明くる日，中之条から指定された約束の時間に緑川はオジとともに陵南総合病院を訪れた。

　「亡くなった9月19日のお昼に，一応のご説明をいただきましたが，なぜ亡くなったのか，どうしても納得がいきません。カルテなどの記録を見せていただいて，原因は何だったのか，ご説明いただけませんでしょうか」緑川は，決意を込めて切り出した。

　中之条は，すでに手元にカルテを用意していた。

　「カルテをお見せしても，何のことかおわかりいただけないと思いますので，カルテに沿って，私が説明します」と言って中之条は，説明をはじめた。その間，緑川は，ハンドバックを両手でかかえるようにして，時々質問をする程度で聞いていたが，桜田は途中で何度も口を挟んだ。30分ほどのやりとりの後，緑川がはじめて口を開いた。

　「結局，一夜のことなので，はっきりしたことはわからない，ということですか」

　中之条は，少しキッとなって答えた。

　「いえ，そうは言ってないでしょう。気管支喘息なのか，それとも突発的な心臓の異変なのか，確かめる必要があった。守口で心臓の手術をされているので，心臓の急激な異変ということは考えにくいから，気管支喘息による容態の異変という可能性が高い，と言っているのです」

　これを聞いて，オジがまた抗議とも質問ともつかぬ同じ発言をくり返した。

「そんなに重い症状で危険であったのなら，なぜ先生は一晩中放っておいたのですか」

「放置しておいたわけではない，ということは，さっきから何度も説明しているじゃないですか」と中之条は，うんざりした表情で答えた。

2　法律相談に行く

　和子は，オジと相談して，名古屋弁護士会の法律相談に行ってみることにした。

　弁護士会館の受付で5000円の相談料を払い，順番を待った。30分ほどして名前が呼ばれ，狭い部屋に入った。

　「じつは，2ヶ月ほど前に，ある病院に入院して間もなく亡くなりました娘のことで，ご相談に参りました」

　相談役の中年の温和そうな男性の前に座って，緑川和子はこう切り出した。テーブルを挟んだ至近距離で，弁護士は急に引き締まった顔でうなずいた。

　「どうぞ。順を追っていきさつをお話し下さい」

　弁護士は静かな口調で先を促した。テーブルには分厚い六法全書が置かれている。

　「ハイ，亡くなった娘は緑川由佳と申します。年は，4歳半でした。主人は3年前にガンで亡くなりましたが，由佳は主人との間のたった一人の子供でした。生まれてすぐ心臓が悪くて心配しましたが，1歳の時，思いきって手術をしてからはとても元気になり，亡くなるまではこれといった病気もしませんでした。ところが，2ヶ月前の9月半ばにちょっと具合が悪くなり，おなかのあたりが苦しそうで，ぐったりして様子がおかしいので，近所のお医者さんに連れて行ったところ，とにかく入院する必要があるということで，そのお医者さんの紹介で陵南総合病院というところに入院することになり，その晩入院したのですが，明くる朝には亡くなってしまったのです。わたくしには，なぜ亡くなってしまったのか，未だに信じられません。もう少しちゃんとした手当てがなされていたら……なんともあきらめきれないものが残ります」

　「たった一晩で亡くなられた？　重症だったのですか」弁護士は，メモを取

りながら聞いた。
「9月18日の夜遅くに入院して翌19日の早朝に息を引き取りました。はじめにかかったお医者さんの診断では、入院する必要があるということでしたが、あいにくそこは個人の医院だったので、もっと大きな設備のある陵南総合病院に移ることになりました。救急車を呼んで、酸素吸入を続けながら、陵南総合病院に移りました」
「で、その陵南総合病院ではどうだったのですか」
「夜10時頃着きました。当直の小児科の先生がおられて、看護師さんから簡単な問診がなされましたが、その先生はまあ意識もはっきりしているし、しばらく様子をみましょう、ということで、心電図をとったあと病室に運ばれて、寝かされました」
「特にこれといった治療や処置はなされなかった……」
「ええ、病室に入った時はすでに11時近くになっていましたし、とにかくその晩は様子をみよう、ということのようでした」
「それで、明くる朝には亡くなられた」
「ええ。夜明け前に、なんとなく様子がおかしいので看護師さんが大急ぎで先生を呼びに行きましたが、その時はすでに息が絶えていました」
「それで、亡くなられた原因については、どういうふうに言われましたか」
「その時は、残念なことになりましたと頭を下げられただけでした。こちらも、気が動転していまして、車で連れて帰るのがやっとでした」
「解剖は？」
「病院に駆けつけたオジを通じて、担当の中之条先生と小児科部長の先生から解剖をやらせてほしいという申入れがありました。しかし、わたくしは、とてもその気になりませんでしたので、断りました」
「もう一度伺いますが、どういうご病気で、死因は何だったのですか」
「前に心臓の手術をしたことがあって、それが原因かどうか……。亡くなる2、3日前から具合が悪く、顔も黒ずんでいました」
「死因は何と言われましたか。死亡診断書はお持ちですか」
「診断書は持ってきておりません。死因については、はっきりしたことはわかりません」

「なぜ亡くなったのかについては，はっきりした原因はわからないのですか。その後は，その医師には会われなかったのですか」

「いえ，2回お会いしました。1回目は，亡くなった時，2回目は一月ほど前です」

「それで？」

「先生はカルテを見ながら一応説明して下さいました。2回目のその時は，オジもいろいろ聞いてくれました。先生の話は，難しい医学の言葉がいっぱい出てきて，よくわからないところもありましたが，全体としては尽くすべき手は尽くしたが，容態が急変して助けることができなかった，ということでした」

「その説明を聞いて，あなたはどう思ったのですか」

「その時は，やはりしようがなかったのかと思いましたが，家に帰ってみると，どうも今一つすっきりしないのです。万全を尽くしたと言われても，わたくしにはほとんど処置らしい処置は何もとられずに一晩放っておかれたように思われるのです。先日，はじめにかかった近所のお医者さんのところにも行って，亡くなったことを報告して少しお話もしましたが，明くる朝に亡くなってしまったことについては，その先生も驚かれたふうで，そんなはずは……というようにおっしゃっていました」

「そうですか。そうすると，あなたはその中之条先生でしたか，医者と病院の措置に納得できないものがある，なんとかならないものかということで，今日相談に来られたわけですね」

「ハア……ですが，わたくしは法律にはまったくの素人ですし，医学の専門的なこともまったくわかりませんから，どうしたらいいものか，決心がつかないのです。何とかなりそうなものなら，由佳のためにもできるだけのことをしてやらなければ，母親として申し訳がない，と思いまして，じっとしておれないのです。先生，何かいい方法があるでしょうか」

「医学の専門的なことについては，わたくしも素人ですから，今伺ったお話だけで，医療ミスによる責任を問うことができるかどうかの見通しを立てることはできません。もっといろいろなことを調べたうえでないとねえ」

「やはり，お医者さんを相手に裁判するというのは，難しいのでしょうね」

「一般的には難しいですね。新聞などでは，医療ミスの記事がよく出ていますので，簡単そうに思われるかもしれませんが，実際に裁判にまで行けるケースが少ないうえに，勝訴するとなるとさらに限られます。あなたの場合も，訴訟を起こしたとしても，簡単にいかないことだけは確かでしょうね。この法律相談では，これ以上のことは申し上げられませんが，お医者さんの治療にミスがなかったかどうかについて，もう少し検討して態度を決めたいというのであれば，誰か医学の専門家に相談なさるか，それとも思いきって弁護士に相談なさるか，どちらかがいいと思います。もし，訴訟を起こすとして，その場合あなたご自身でできないことはありませんが，実際上はやはり弁護士に頼まないと無理でしょうね」

「あの……，何か法的な手段をとるにしても，裁判しかないのでしょうか」

「いや，ほかにも，調停とか，裁判に持ち込まない示談交渉とか，ないわけではありませんよ。しかし，医師が自分の責任を認めないあなたのようなケースは，調停はどうでしょうかね」

「調停も裁判ではないのですか。オジが調停裁判に出してみてはどうか，と言っていたのですが」

「調停は，裁判とは違います。調停も裁判所で行われますけどね。調停委員という人が間に立って，両者の言い分を聞き，解決案を調整するというのが調停という手続でして，相手がのってきてその案でいいといって同意しないと調停は成立しないのです。裁判は，相手が同意しなくても決着がつけられますし，手続が慎重できっちりしています。費用は調停のほうが安いのですが」

「それでは，わたくしの場合は，調停は適当ではない，ということですね」

「医者や病院ときちんと話をして，病状や死因について詳しく説明を受ける，というだけでいいのなら，調停という方法も考えられますが。ほかに，市内の医療事故情報センターに相談に行ってアドバイスを受けるという方法もあります。エート，電話番号は，052-951-1731です」

「先生，わたしももう少し考えてみたいと思いますが，亡くなった原因の究明などの調査を弁護士さんにお願いするというのはどうでしょうか」

「それは，いいと思います。でも，お金はかかりますよ」

「ええ，ある程度の覚悟はしています。それで……わたくしには心あたりの

弁護士さんがまったくおりません。アノ……申しにくいのですが，先生にお願いしてやっていただくわけにはいかないのでしょうか」

「わたくしにですか。ウーン……わたくしは，ここで法律相談を受けた事件は一切受任しないことにしています。無理に訴訟を勧めるということがないようにするためです。1階の事務所に行けば，弁護士を紹介してくれるはずです。なんでしたら，そちらに行かれてはいかがでしょうか」

「そうですか。それではそうします。どうもいろいろありがとうございました」

緑川は，深々と頭を下げて立ち上がりかけたが，その弁護士は，弁護士会の中に，弁護士費用を出せない人のために費用を立て替えてくれる「法律扶助」という制度もあるので，もし必要なら，ついでに聞いてみればよい，と教えてくれた。緑川が出ていくと入れ違いに，次の相談者が待ちかねていたように入っていった。

3　草津法律事務所にて

　1週間後，オジの桜田から紹介を受けた草津法律事務所の応接室で，緑川和子は，草津三郎弁護士と向かい合っていた。草津は，弁護士になって15年を迎え，7年前から自分の法律事務所を開設していた。かなりの経験を積んで，今が働きざかりというところである。この5年の間に10キロも体重が増えた。草津は，ストレスぶとりと自認していた。

　緑川は，草津に事件の概要を話し，草津もいろいろと質問して要点をメモしていた。草津の横には，秘書の小川めぐみが座ってパソコンを打っていた。草津の事務所には経験7年目の小川のほか，昨年，証券会社から転職した早乙女百合が加わり，3人体制で取り組んでいる。相談者の話の内容を直ちにパソコンでまとめて書面にするのが小川の役である。緑川との面談中も，何度か外から電話が入った。早乙女は，「ただいま弁護士は接客中ですので，のちほどこちらからお電話します」と答え，「誰々からのTEL」というメモだけを草津に渡した。

やがて，草津は，訴訟に踏み切れるかどうかは今日の段階ではわからないが，とにかく資料を集め研究することからはじめたい，と答えた。医療事故は簡単には，見通しは立たないことに加えて，特にこの種の事件では依頼者からの話だけから速断してはいけないという思いが，これまでの経験から草津の頭の中にあった。

草津は，「とにかく今日の段階では，一応お話を伺ったということで，訴訟を起こせるかどうかは，また日を変えてご相談したいと思います。このあと，別の事件の打ち合せの予定も入っておりますので」と述べて，あわただしく黒い分厚い手帳を取り出して，頁をめくっていたが，

「さ来週の火曜日，12月3日ですが，午後3時半にここに来ていただけませんか」

と和子の都合を聞いた。和子がメモをしながらうなずくと，草津は，早乙女から渡された委任状を緑川に見せながら，

「訴訟に踏み切るかどうかは別として，わたしが資料を集めたり，相手方の医者や病院側と会って話を聞いてみるためには，わたしがあなたから正規の依頼を受けて行動しているという証が必要になります。そのためには，ここに委任状がありますが，これにあなたの名前を書いて印鑑を押していただかなければなりません。もちろん，今日でなくても結構ですから」と事務的に言った。

和子がおずおずと，

「アノ……お金はどれくらい用意すればよろしいでしょうか」と尋ねると，草津は，ちょっと考えていたが，

「さしあたり，調査費として30万円ほど用意していただけますか。訴訟に踏み切るときには別に着手金をいただきますが，これはそのときに改めてご相談します。とにかく，医療事故の事件では訴訟に踏み切るかどうかを決める調査・研究の作業が大変なのですよ。なお，カルテなどの医療記録を閲覧するために証拠保全をする場合には，その費用は別途いただくことになります」と答えた。

緑川は，草津の最後の言葉の意味がよく飲み込めなかったが，30万円は明日にでも届ける旨を告げて，事務所をあとにした。

訴訟委任状

平成 25 年 11 月 21 日
住所 〒448-0023
愛知県刈谷市西本町 3 丁目 6 の 2
委任者　緑川　和子　㊞

私は，次の弁護士を訴訟代理人と定め，下記に関する各事項を委任します。

弁護士　草　津　三　郎
名古屋弁護士会所属
　住所　〒460-0005
　　　愛知県名古屋市中区東新町 2 丁目 8-4
　　　東新ビル 5 階 504 号
　　　草津三郎法律事務所
電　話　052-324-9765
ＦＡＸ　052-324-9768

記

第 1　事件

　1　相手方
　　　被告　陵南総合病院ほか 1 名
　2　裁判所
　　　名古屋地方裁判所
　3　事件の表示
　　　医療過誤事件

第 2　委任事項

　1　原告がする一切の行為
　2　和解，調停，請求の放棄・認諾，訴えの取下げ，参加による脱退
　3　反訴・控訴，上告の申立て又はそれらの取下げ

> 4　弁済の受領，供託並びにその取戻し・還付・利息の請求・受領
> 5　復代理人の選任

　翌々日，草津は朝8時過ぎに事務所に来た。草津の机の上には，一昨日の緑川とのやりとりの要旨がA4判3枚にびっしりとまとめられていた。そのそばには，昨日の郵便物，FAX，かかってきた電話の記録帳のコピーが，きれいに揃えられている。草津は昨日は東京での弁護団会議と裁判所出廷で，一日事務所を空けたのだった。

　これらの書類にザッと目を通して，ふと机の左側を見ると，録音テープとメモが1枚置かれている。メモには，「緑川様が，昨日，このテープと死亡診断書を持ってこられました。テープは，10月9日，中之条医師に面会したときの記録だそうです。なお，調査費30万円を受け取っています。領収書は，調査費でよかったのでしょうか。消費税はいただいておりません。小川」と記してあった。死亡診断書には，「急性心不全」とだけ書かれていた。

　草津はファックスへの返信などこまごました用事を行いながら，テープを聞いてみた。しかし，緑川との面談記録，死亡診断書，録音テープを総合しても，草津には緑川由佳がどのような病状で，何が原因で死亡したのか，よくわからなかった。

　草津は，とりあえず，由佳を陵南総合病院に転送した花巻医師に会ってみることにした。その日の午後に花巻医師に電話をし，用件を言って面会して話を聴きたい旨を伝えた。電話の向こうでの花巻の感じは，あまり気が向かないふうであったが，草津は強引に面会の約束を取り付けた。

　花巻に指定された日の午後4時30分，草津は花巻医師を訪ねた。自分の責任も問われていると思ったのか，それとも，弁護士に対する警戒心からか，花巻の対応はどことなくぎこちなく固かった。草津は，面会の趣旨を説明し，緑川由佳の転送前の症状と診断について話を向けた。花巻の話から，由佳は呼吸がやや苦しそうでゼーゼー言い，チアノーゼが見られたこと，気管支喘息とうっ血性心不全の両方を疑って治療を施したこと，しかし自分のところでは手に負えないので，検査設備と入院施設のある陵南総合病院に病状と転送受入れを依頼する書状，それにレントゲン写真を添えて救急車で運んだことを知ること

ができた。
　「先生にカルテと転送状の写しがあれば，見せていただけませんか」草津は思い切って頼み込んだ。
　花巻はしばらく考えていたが，「ダメです。お見せできません」と，はっきりと断った。草津は，これ以上要求することは断念した。紹介状は，陵南総合病院にあるはずだし，花巻医師の治療経過は，後日，必要になったときに，改めて説明してもらうことができるかもしれない。草津は礼を述べ，今後ともよろしくとお願いして，花巻医院をあとにした。
　草津は，事務所への帰途，栄町の医学専門書店に立ち寄って，喘息と心不全が説明されている入門的な医学書を買った。入門書といっても600頁ほどあり，定価は1万4000円であった。
　約束の日の12月3日，緑川は草津事務所を訪れた。草津は，これまでの調査の経過と研究の結果を緑川にかいつまんで説明したのち，陵南総合病院のカルテなどの診療記録を見なければ，なお，提訴に踏み切れるかどうか決めかねる，と言った。緑川は，由佳がなぜ亡くなったのか，治療や処置に至らない点がなかったかどうかをうやむやにしてしまわないで明らかにしておくことは，母としてどうしてもしておかなければならない，せめてもの勤めであるという気持ちを改めて草津に伝え，訴訟をしてもらいたいと要望した。草津は，
　「お気持ちとあなたの決意はよくわかっています。しかし，ある程度の見通しが立たないと，弁護士としては訴訟に踏み切れません。それは，あなたのためでもあります」
　「先生，見通しが立てられるというのは，確実に勝てる，ということでしょうか」
　「いや，そこまでの見通しではありません。勝敗は別として，戦えるという見通しです」
　「戦える？」
　「はい。裁判は，せめぎあいであり，戦いです」緑川には，ピンとこなかった。続けて，草津が言った。
　「証拠保全をやってみたいと思いますが」
　「ショウコホゼン？」緑川には何のことかわからなかった。

「ええ，陵南総合病院にある由佳さんのカルテや投薬記録などの写真をとって，それを見て見通しを立てるのです。事前に写真をとってコピーをもらっておきますと，あとでカルテなどが書き変えられることが防げますし，治療経過の大筋もわかりますので，医者を相手に訴訟を起こすにあたっての常套手段なのです。中之条医師に会って見せてくれと頼むのも一つの方法ですが，これまでのいきさつからすれば，それはやめて，証拠保全を申し立てたほうがよさそうです」と，草津は説明した。

「わかりました。お願いします」

「ただし，この証拠保全は，裁判をすることとは違いますよ。裁判をするかどうかは，カルテ等の記録を見たうえで最終的に決めるということです」草津は，さらに続けた。

「それから，証拠保全を申し立ててカルテ等を手に入れるようにすることは，これはこれで別の手続で，大変なんです。別に委任状がいります。費用としてもあと30万円いただきたいと思いますが，よろしいですか」

緑川は，裁判の世界の複雑さに驚きながらも，うなずいた。

「このお金は，もし裁判をやらないことになっても，お返しできませんよ」

「わかりました。先生，裁判をすることになったときは，あといくらお支払いすればよろしいでしょうか」緑川は少し不安になって尋ねた。

「損害賠償の請求額をいくらにするかによりますが，この種の裁判は大変な労力を要しますし，時間もかかりますので，大まかな目安としましては，……着手金として250万円，成功報酬は判決で認められた金額の10パーセントくらいになりましょうか」

緑川は，草津の試すような視線を感じながら，何度も60万と250万円という金額を反芻した。緑川は，市内のビルにこれだけの事務所を構えて経営していくには，人件費を含めて相当お金がいることも理解できた。

草津は，緑川の反応を見て，

「いや，裁判のことは，証拠保全の結果を見たうえでないと決められませんので，いずれ改めて正確に計算したうえで，費用，報酬についての書面を交わしたいと思います」

こうして，とりあえず証拠保全の手続をとることを互いに了解した。草津は，

前回よりもさらに詳しく緑川から事情を聴き取った。そばには，小川もいて，パソコンをたたいていた。証拠保全を申し立てるにあたって，緑川本人の「報告書」をつくるためであった。こうして，緑川と草津弁護士との合作である「報告書」が，小川の原案に基づいて，その日のうちに出来上がった。

4 証拠保全

　3日後の12月6日，草津は，緑川和子の草津三郎弁護士宛の「報告書」と戸籍謄本などの必要書類を添えて，証拠保全の申立書を名古屋地方裁判所に提出した。今あらかじめ本件診療録等を保全しておかなければならない理由（保全の必要性）については，14頁の証拠保全申立書の「申立ての理由」第2のように記載した。
　5日後，裁判所で裁判官と面談して事情を聴かれる場が設けられた。草津は緑川を同行して，書記官や事務官が仕事をしている大きな部屋の横にある7畳くらいの部屋で約30分裁判官に事情を話した。明くる12月12日，17頁にあるような裁判（決定）がなされた。
　当日午前11時45分に，担当の執行官が，陵南病院に赴き，証拠保全決定書を送達した（執行官送達）。病院側には午後1時30分から検証が行われることが告げられた。申立人の代理人である草津弁護士，相手方病院長，看護師長，代理人である弁護士が緊張した面持ちで立ち会う中，それらの書類は手際よくコピーされていった。その間，約1時間，検証はまたたく間に終了した。
　草津は，裁判所からカルテ等の書類のコピーを入手したのち，さっそく解読に取りかかった。医学書や薬学書によってある程度調べてみたが，わからないところがいろいろと残った。そこで，東邦医科大学の講師で，呼吸器系の専門家である高校時代の友人，佐良正三郎に電話して，食事をおごることと引き換えに，カルテやレセプトの解読を頼んだ。その際，草津は，ついでに事件は医学的にみてどうだろうかとそれとなく聞いてみたが，佐良は慎重に考え込んで，自分はやや専門も違うし，このような書類や草津の話だけからでは，はっきりしたことは言えない，と答えた。草津が，
　「しかし，一晩で亡くなっている。医者として，なすべきことをしたと言え

証拠保全申立書

平成25年12月6日

名古屋地方裁判所　民事部　御中

　　　　　　　　　　　　　申立代理人弁護士　草津　三郎

　　　　　　　〒448-0023　愛知県刈谷市西本町3丁目6の2
　　　　　　　　　　　　　申　立　人　緑川　和子

　　　　　　〈送達場所〉

　　　　　　　〒460-0005　愛知県名古屋市中区東新町2丁目8-4
　　　　　　　　　　　　　東新ビル5階504号
　　　　　　　　　　　　　草津三郎法律事務所
　　　　　　　　　　　　　上記代理人弁護士　　草津　三郎
　　　　　　　　　　　　　電　話　052-324-9765
　　　　　　　　　　　　　Ｆ Ａ Ｘ　052-324-9768

　　　　　　　〒466-0045　愛知県名古屋市昭和区池上町8丁目1の5
　　　　　　　　　　　　　電　話　052-627-0022
　　　　　　　　　　　　　相　手　方　医療法人陵南総合病院
　　　　　　　　　　　　　代表者・理事長　　永田　信一

貼用印紙額　　金　500円

申立ての趣旨

　相手方の対応に臨み，相手方保管にかかる別紙物件目録記載の文書について，検証を求める。

申立ての理由

第1　証すべき事実

1 当事者

申立人緑川和子は，平成25年9月19日に相手方において死亡した緑川由佳（平成21年3月10日生まれ。死亡時4歳6ヶ月。以下「由佳」という）の母である。

相手方は，医療法人陵南総合病院である。

2 事実経過

由佳は，事件発生の3，4日前から腹部の痛みを訴え，のどをぜいぜいと鳴らし，顔色も悪かったが，ついに手足や口唇にチアノーゼが見られるようになったので，平成25年9月18日午後5時頃，花巻医院に行き診察を受けた。花巻秀夫医師は，気管支喘息と心不全を疑い，酸素吸入とともに気管支拡張剤（サルタノール）の吸入を実施し，また副腎皮質ホルモン（サクシゾン）と強心配糖体（セジラニド）を点滴注射により投与した。しかし，症状の好転をみなかったので，花巻医師は申立人緑川和子に対し大きな設備のある病院へ入院させる必要を説き，午後10時02分，由佳を相手方の小児科に急患として転送した。しかるに，相手方の担当医師である中之条猛（以下，「中之条」という）は，急を要する適切な処置を講じなかったため，翌19日午前7時10分に由佳は心不全により死亡するに至った。

3 相手方の責任

一般的に言って，小児の病気は往々にして急速に悪化するものであるのに，中之条は，由佳が死亡するに至るまで，心電図はとったものの，胸部レントゲン撮影をなすことなく，また1回回診したのみで，当夜特に病因を解明することをしなかった。しかも，中之条は，由佳が平成22年9月8日に守口循環器医療センターで心臓の手術を受けている事実を知りながら，適切な処置を講じなかったばかりか，花巻医院においてなされ，かつ，転送中の救急車内でも続けられていた酸素吸入を中止した。また，看護師の巡視も回数が少ないうえに，看護師は病室に来てもちょっと覗く程度で何もしなかった。これは，中之条が由佳の病状の重篤性についての判断を誤り，看護師に必要適切な指示をしなかったためである。相手方は，中之条を雇用し，その診療をもっぱら同人に委ねていたのであるから，中之条と連帯して，申立人緑川和子ならびに由佳に生じた損害を賠償する責任がある。

そこで，相手方および中之条に，上記損害賠償責任があるという事実を立証する。

第2 保全の必要性

申立人は，現在，相手方および中之条に対し，損害賠償請求訴訟の提起を準備中であるが，同訴訟においては，別紙目録記載の文書（以下，「本件診療録等」という）が重要な証拠となる。

そして，本件文書等は相手方の支配下にあるところ，仮に本件診療録等等が改ざん，破棄，隠匿等されれば，医療機関の責任を追及する損害賠償請求訴訟の追行に

ついて著しい困難を来すことになる。

　しかも，本件においては，担当医である中之条医師は，申立人に対し，なぜ由佳が突然亡くなったのか，その原因について十分な説明を行っていない。

　申立人としては，花巻医師から，由佳を大きな設備のある総合病院へ入院させる必要があるといわれ，総合病院である相手方に入院させたところ，その翌朝に由佳が死亡に至るなどということはまったく予想していなかったのであるから，当然に，中之条医師より，経過の説明，死亡した原因について，積極的に家族に対して説明がなされるべき事案といえる。

　それにもかかわらず，申立人が由佳の死後，中之条医師と会った際も，全体として尽くすべき手は尽くしたが，容態が急変して助けることができなかったと言うばかりである。このため，申立人には，ほとんど処置らしい処置を何もとらずに一晩中放っておかれたようにしか思えず，本件のような事案における担当医として，明らかに不誠実な態度であるといわざるをえない。

　かかる中之条医師の態度からすれば，本件において，申立人が改めて説明を求め，任意の診療録等の開示を求めれば，自己の責任に触れない説明に終始し，それに添うよう診療録等を改ざん，破棄，隠匿する可能性が高いといえる。また，本件においては，証拠保全の方法に拠らなければ，本件診療録等を閲覧する方法もない。

　よって，申立人は，本件申立てに及んだ次第である。

疎明方法

1　甲1号証　　診断書（花巻医院）
2　甲2号証　　死亡診断書（医療法人陵南病院）

添付書類

1　資格証明書　　　1通
2　戸籍謄本　　　　1通
3　委任状　　　　　1通
4　申立人の代理人弁護士宛の「報告書」　　1通

検証物目録

故緑川由佳（平成21年3月10日生まれ）に関する平成25年9月18日から同月19日までの入院期間中の

1　診療録
2　看護日誌

3　病室日誌
　4　入院中にとられた心電図
　5　検査記録
　6　投薬記録
等同人に関し作成された診療記録の一切

証拠保全決定

当事者の表示，別紙当事者目録のとおり

　上記当事者間の平成25年㋲第416号証拠保全申立事件について，当裁判所はその申立てを理由あるものと認め次のとおり決定する。

主　文

1. 名古屋市昭和区池上町8丁目1番地の5，医療法人陵南総合病院に臨み，同病院保管にかかる別紙目録記載の文書の検証をする。
2. 右検証期日を平成25年12月12日午後1時30分と指定する。
3. 相手方は別紙目録記載の文書を右検証期日に現場において提示せよ。

平成25年12月12日

名古屋地方裁判所民事第4部
裁判官　高　坂　正　博　㊞

当事者目録（省略）

目　録

故緑川由佳（平成21年3月10日生）に関する平成25年9月18日から同月19日までの入院期間中の
　1．診療録
　2．看護日誌
　3．病室日誌
　4．入院中にとられた心電図
　5．検査記録
　6．投薬記録

等同人に関し作成された診療記録の一切

　　　　　　　　　　　　　　　　　　　　　　　　以　上

右は正本である。

　　　　　　　　　　名古屋地方裁判所
　　　　　　　　　　　　　裁判所書記官　　　渡　辺　武　男　㊞

るのだろうか」と問いかけると，佐良は大きくうなずいて，

　「君の直感は鋭いよ。そこが，ポイントだね，きっと」と答えた。

5　病院側の対応

　裁判所を通じて証拠保全による証拠調べの手続きが実施されたことは，中之条猛医師にも陵南総合病院の首脳陣にもかなりの衝撃を与えた。医療過誤として提訴される前触れとなるからである。中之条の受け止め方は，〈容態が悪化して入院させてくれと夜になって運び込んでおいて，直ちに病因を見極めて完全な処置を採れというのは，虫がよすぎる。もともとこの病院は，経営上の理由から夜間の医師や看護師の数も制限されており，モニターなどで患者の状態を集中的に監視する設備も体制も備わっていないので，医師個人の対応には限界がある。その中で，自分としてはなすべき処置は一応行ったつもりである。だのに，医療ミスだ，誤診だと責任を問われたのでは，かなわない〉というのが，本音であった。じつは，緑川和子が2回目の面談を求めてきた時に，中之条は小児科部長の荒木真吾にどう対応すべきか，相談したのであるが，荒木は，ひととおり診療の経過を順を追って説明して，もしそれ以上いろいろ言ってきた場合には，自分にまわすようにと指示していた。

　裁判所による関係書類の証拠保全が行われた翌日，理事長室ではやや重苦しい雰囲気の中で病院首脳による対策会議が開かれていた。永田信一理事長を中心に，内科部長を兼ねている病院長，荒木小児科部長，羽賀健一事務長，それに中之条医師が席を占め，顧問弁護士の菊池一男も加わっていた。

　永田理事長は，

　「こちらの言い分も聞かずに，いきなりカルテの改ざんのおそれがあるから

見せろでは，裁判所もまったくわれわれをバカにしている。患者もそうだが，そういう患者の一方的な言い分を認める裁判所もどうかしている」と昨日の抜打ち的な証拠保全による証拠調べに憤懣やるかたないという面持ちで，今度は，中之条に対しても不満を述べた。

「どうしてこうなる前に僕なり事務長に一言相談してくれなかったのかなあ。ことの是非はともかく，裁判沙汰にされるということは，それだけで病院にとってはダメージなんだよ。経営が苦しい時だけにねえ」隣で事務長も大げさにうなずいた。

「その点は申し訳なく存じます。わたくしといたしましては，採りました処置に問題はないと思っていましたし，母親にも説明したつもりですので，こういうことになろうとは思ってもみませんでしたから」と中之条は答えた。中之条は，以前から要望していた医師や看護師の増員と医療機器設備の拡充を，この機にもう一度持ち出そうかと思ったが，しかし考え直して，この際持ち出すのは賢明ではないと判断して，黙っていた。

横から，荒木小児科部長が，すかさず中之条をかばった。

「いえ，じつは中之条さんはわたしには話してくれていたのですが，私は軽く考えて，患者の勝手な思いすごしであり，言いがかりだから，あまり相手にならずにほどほどにしておいたほうがいいと言ったのです。ですから，理事長と院長先生のお耳に入っていなかったのは，中之条さんよりも私の責任です。ただ，その点はともかく，今回の処置や診療にミスや問題があったかと言われると，決してそんなことはなかった，不当な言いがかりであると思っております」

永田理事長は，なにやら聞き取れない言葉でブツブツ言っていたが，日頃から荒木部長を頼りにしている永田は，荒木の発言によって落ち着きをとりもどしたふうであった。

やや間を置いて，弁護士の菊池が発言した。

「今回行われたカルテ等の証拠保全というのは，まだ訴えが起こされる前にとりあえず証拠を確保しておくという手続ですから，たいしたことはございません。それほど深刻にお考えになる必要はないと思います。問題は，むしろ，続いて訴訟が起こされたとして，われわれとしてはどう対応すべきかです」

これを受けて事務長が，訴訟を起こされると病院の評判にも影響するので，そうなる前に打つ手はないものかと発言した。暗に，訴えが提起される前に交渉によって和解に持ち込んでは，ということを示唆するものであった。しかし菊池は，証拠保全による証拠調べがなされても，必ず訴えが出てくるとは限らないし，示談交渉なら訴えが提起されてからでも遅くはない，とりあえずは申立人側がどう出るか様子をみてもいいのではないか，と述べた。理事長がこれに少し勇気づけられて同調し，ひとまずこの方針でいくことに全体の意見がまとまった。
　理事長は，菊池に尋ねた。
「先生，これは裁判になってもこちらに勝算ありでしょうな」
　菊池は慎重であった。
「いや，それは，何とも言えません。まだ，事実関係が十分にわかりませんし，なにぶん裁判は水もののところがありますから」
　会合が終わったのち，菊池弁護士の希望で，看護師の深町美津子が呼ばれた。菊池は，中之条と深町から緑川由佳の入院から死亡までの経過について詳細な説明を求め，自分のほうからもいろいろ質問してメモを取った。
　菊池が帰ったあと，誰もいなくなった会議室で，深町は横に座っている中之条と顔を見合わせた。中之条の顔には疲労感が漂っていた。

【第 1 章　解説】

(1) 医療過誤訴訟の状況

① 医師や病院が，患者や遺族から診療上の問題点を問われたり，患者や遺族がそのような疑問をもってどこかに相談したり，調査をする事件が，かりに100件あるとしよう。そのうち，現実に訴訟にまで踏み切るケースは4パーセント程度にとどまる。さらに，そのうち原告側が，たとえ一部であれ，請求が認められて勝訴する率は半数にとどかない。つまり，医療過誤が問題になるケースのうち，患者側が現実に裁判で勝訴することができるのは，ごく限られるのである。しかも，その認容額は，1000万円を超える賠償を命じるものが，認容判決の5割を超えることはない。

② 医療行為の日から第一審判決までに要する期間は，統計では平均すれば5年近くかかっていた。しかし，近時訴訟の促進が唱えられ，医療過誤事件を専門的に取り扱う部を裁判所内に設けたりして，訴訟の促進が図られている。例えば，平成24年の医療関係事件の平均審理期間は，平均で25.1ヶ月と報告されている。

③ 訴訟による解決パターンは，裁判所の判決によるよりも，和解や訴えの取下げなど当事者の行為によるによるもののほうが多い。医療事件関係事件を含めた事件全体に関して，裁判所の司法統計によると，和解が約3割5分，判決が約4割，その他（訴え取下げや請求の放棄など）が約2割である（全地方裁判所における第一審通常訴訟既済事件）。医療関係事件の終局区分については，後掲24頁の表を参照のこと。

(2) 訴訟前の資料収集

訴訟というものが相当なコストとリスクを伴い，当事者や関係者に与える影響も大きいだけに，訴訟を提起するにあたっては，特にプロフェッショナルとしての弁護士は，かなりの調査活動を行うのが通常である。必要な文書などの交付や閲覧を求めたり，事件関係者に面接して事情を聴き取ったり，写真や録音をとっておくことなどは，一般に行われる調査活動である。民事訴訟法は，提訴前の資料収集のための措置を拡充した（民訴132条の2～132条の6）。この手段を使う場合は，相手方に訴えを提起することを予告する必要がある（提訴予告という）。

そのほかに，その弁護士が所属している弁護士会を通じて，関係機関や団体に事実の報告を求める「照会」という方法（弁護士法23条の2）や，医療過誤訴訟や特許訴訟などで相手方の手持ちの資料を閲覧するためによく用いられる「証拠保全の申立て」がある。本件でも，原告側代理人は証拠保全によって相手方が持っているカルテ等を閲覧しているが，これは医療過誤訴訟を提起する場合の常套手段となっている。その他，訴訟提起後に，相手方に質問状を送って回答を求める「当事者照会」という方法もある（民訴163条）。本件でも，これが行われている（後述69頁以下）。

(3) 弁護士費用

① 弁護士に支払う費用は、いわゆる「訴訟費用」には含まれない。勝訴しても、弁護士に払った費用を相手方から、取り返すことはできないのである。本人が、弁護士を利用しないで自ら訴訟を追行できるという建前（本人訴訟主義）になっているので、訴訟の必要経費として認められないのである。

しかし、不法行為による損害賠償事件では、相手方の行為によって生じた「損害」の一部として、弁護士費用（その平均的な額）を損害額に含めて請求することができる。

② 弁護士に支払う費用については、弁護士法33条に基づき弁護士会が「弁護士報酬等基準規程」を定め、この規程にしたがって報酬額が決められていたが、平成15（2003）年の法改正により、このような規制が廃止され、個々の弁護士が依頼者との間において報酬を自由に決めることができるようになった。この自由化に伴い、弁護士報酬をめぐる無用な紛争を防止するために、日本弁護士連合会は、2004年に「弁護士の報酬に関する規定」（新規程）を定めた。新規程には、各弁護士が、報酬に関する基準（報酬の種類、金額、算定方法、支払時期およびその他弁護士の報酬を算定するために必要な事項を明示したもの）を作成し、事務所に備え置くこと、法律事務を依頼しようとする者から申出があったときは、報酬見積書の作成・交付に努めること、法律事務の受任に際し報酬や費用について説明をなし、委任契約書を作成し（例外的に、作成しなくてもよい場合がある）、その中に報酬に関する事項を記載することなどが定められている（新規程3条～5条）。また日弁連は、報酬基準がないことが市民の弁護士へのアクセスの障害にならないようにするために、「市民のための弁護士報酬の目安」というものを参考のために公表している。

訴訟事件の報酬の定め方としては、時間制（タイムチャージ）という方法もあるが、従来と同様、事件を委任するときに支払う「着手金」と、事件が成功裡に終わったときに支払う「成功報酬」とを定める事例が多い。これに加えて、日当を加算することもある。

着手金も成功報酬も、訴訟によって主張する利益を金銭に換算した「訴額」を基準として算定することとする事例が多い。ちなみに、5000万円の損害賠償請求については、着手金200万円、成功報酬400万円くらいが一応の目安である。

③ 弁護士費用を支出する資力の乏しい人の支援をするための制度として、法律扶助制度がある。昭和27（1952）年に設立された財団法人法律扶助協会が、平成18（2006）年まで法律扶助の業務を行ってきたが、同年からは、独立行政法人に準じた日本司法支援センター（いわゆる法テラス）が、その業務を承継した。しかし、業務の承継に際して、2001年6月に当時の小泉内閣に提出された『司法制度改革審議会意見書──21世紀の日本を支える司法制度』が指摘していた、対象者の範囲、対象事件の範囲、利用者の負担のあり方など民事法律扶助制度が抱える課題については、ほとんど検討がなされておらず、わが国の法律扶助制度は、いまだ多くの課題を抱えたままである。

⑷　弁護士事務所のチームワーク

　草津法律事務所は，弁護士と秘書，事務員とのチームワーク体制の中で仕事をしており，小川は，弁護士とともに聴取りを行い，必要な書類づくりも行っている。

　弁護士1人の仕事量と能力には限界がある。事務所のメンバー全員でそれぞれが自己の役割を担いつつ，ネットワークを充実させ活性化することによって，はじめて仕事全体が質量ともに向上し，依頼者のニーズに応えることができる。もちろん，最終的な責任は弁護士が負うことになるので，弁護士とのコミュニケーションを密にし，弁護士が常に点検，チェックするということが不可欠である。

　したがって法律事務所は，弁護士資格がなくても，弁護士の仕事に近いことをこなす能力を持つメンバーを，パートナーに近い協力者として雇用，育成し，仕事の質に応じた給料を支払うということが，これからますます要請されている。「非弁活動」である，として目くじらを立てるべきではない。これからは，リーガル，ノンリーガルの峻別を超えた，もう一つの法専門家（パラリーガル）の活躍が期待される時代である。

⑸　ＡＤＲ

　裁判以外の紛争処理制度。Alternative Dispute Resolution の略。

　ADR にも，相談型，あっせん型，調停型，仲裁型，さらにはそれらの混合型など，さまざまなものがある。

　一般的に言って，裁判手続は，法による適正な解決を特長とし，最も厳正で慎重な手続であるのに対し，ADR は，どちらかと言えば，納得できる妥当な解決を目指して，手続もそれほど厳格でなく気軽に利用できるところに特色がある。裁判手続は強制力が強く，ADR は強制力は弱い。本件で話題となっている「調停」も ADR の一種である。

　裁判と ADR とは，互いに排除しあう関係にはない。裁判の長所を ADR に取り入れ，ADR のよいところを裁判にも取り入れて，両者がともに豊かに育って，共存，共栄の

医事関係訴訟事件及び地裁民事第一審通常訴訟事件の処理状況（平成 21 年～26 年）

区分 年	医事関係訴訟事件		地裁民事第一審通常訴訟事件		
	新受件数	既済件数	新受件数	既済件数	未済件数
平成 21 年	708	922	235,508	214,520	126,043
22 年	776	896	222,594	227,435	121,202
23 年	739	770	196,367	212,490	105,078
24 年	770	821	161,312	168,230	98,150
25 年	785	779	147,390	149,928	95,611
26 年	847	763	142,487	141,006	97,092

　　　　（注）　地裁民事第一審通常訴訟事件数には，医事関係訴訟事件数を含む。

（最高裁判所・発表データ）

医事関係訴訟事件の終局区分別既済件数（平成21年〜26年）

区分 年	判　決 （認容）	判　決 （棄却・却下）	和　解	その他	計
平成21年	91	266	469	96	922
22年	66	254	484	92	896
23年	73	214	404	79	770
24年	71	243	428	79	821
25年	74	226	394	86	780
26年	56	218	366	123	763

（注）「その他」には，請求の放棄，請求の認諾，訴えの取下げを含む。

（最高裁判所・発表データ）

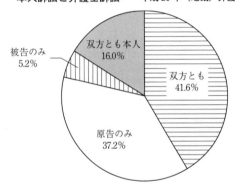

本人訴訟と弁護士訴訟──平成26年（地裁）弁護士選任率

（司法統計年報・民事・行政編平成26年度版37頁第23表，第33表および第62表に基づき作成）

状況を作り出すのが理想である。とともに，両者が連携していくことが求められている。

　ADRを実施している機関にも，弁護士会の法律相談，裁判所の調停など，さまざまなものが存在する。医療など法律以外の専門知見を要するもめごとについては，その分野の専門家が関与して相談やあっせん・調停を実施する機関が設けられている。医療事故情報センターのように被害者の代理人弁護士によるものもあれば，各地の医師会が設けている機関もある。このように多様な機関の中からどれを選んでよいかわからないときには，それ自体ADR機関の一つである法テラスに電話して情報提供を受けることができる。なお，これら多様なADR全体についての基本的な法規制の必要から，ADR法（裁判外紛争解決手続の利用の促進に関する法律）が平成16（2004）年に制定された。

第2章　訴訟の提起

6　大曲弁護士の加入
7　訴　　状
8　訴状の点検と送達
9　被告側の対応
10　答　弁　書

⑥　大曲弁護士の加入

　平成26年1月も半ばになったある日，草津法律事務所を訪れた緑川は，仕切りで囲われて小部屋のようになっているところに案内され，オーバーを脱いで椅子に坐っていると，事務員の早乙女が，お茶を持ってきて，「草津は電話中ですので，ちょっとお待ちください」と言って出ていった。しばらくして，草津が「いや，お待たせしました」と言いながら入ってきて，メモや資料を見ながら，これまでの調査結果の報告を始めた。〈病院側にミスがあった可能性はあるが，その証明はかなり難しい。勝訴できるかどうかの判断も容易でない〉というのが結論であった。

　草津は，原因もわからないまま一晩で急に亡くなったことから，完全に勝訴することは難しいとしても，ある程度戦えると考えて，

　「よい結果にならないこともあることを十分にご理解いただけるのであれば，ご希望どおり訴訟をやってみましょう。ただ，私だけでは少し荷が重すぎますので，このような事件に詳しい大曲弁護士に協力を求め，協力してくださるようであれば，弁護士費用は少し高くなりますが，2人で受任することにしたいのですが……」ともちかけた。緑川は，ちょっと考えてから，「お任せします」と答えた。

　「さて，訴訟をするとなると，いくら請求するかを決めなければなりません。財産的な損害額は，後で正確に計算しますが，おおよそ3000万円ぐらいかと思います。それに慰謝料を2000万円としますと，全部で金5000万円ぐらいとなります。これくらい請求するということでどうでしょうか」と緑川に問いかけた。緑川のほうは，訴訟とは中之条医師や病院の責任をはっきりさせるものだと漠然と考えていたので，

　「先生，訴訟をするというのは，お金だけを請求することなんでしょうか」と尋ねてみた。一瞬，草津はこの質問の意味を理解しかねたが，緑川が医師や病院の責任を判決で明らかにしてもらうことを考えているらしいことを知って次のように説明した。

　「過失で人を殺した者に刑罰を宣告するのは刑事の裁判で，民事の裁判では，

あなたの事件のような場合，相手方の落度でこちらが受けた損害を金銭に見積もって，その賠償を求めるほかないのです。もちろん，相手に責任がなければ金銭賠償の請求も認められませんから，裁判ではその落度があったかどうかを審理し，判断しますが，それは金銭賠償請求が認められるかどうかの前提として判断されるのです」

　緑川には，自分にとって一番肝心な点が軽く取り扱われることに依然として釈然としないものを感じたが，それしか方法はないようなので，「では，それでよろしくお願いします」と答えるほかなかった。

　このような話し中にも，何本も電話がかかり，ほかの相談者も待っていた。

　「それでは失礼します」と立ちかけた緑川に対して，草津は，

　「この事件の報酬については，着手金として大曲先生と私とに125万円ずつを，また勝訴したときには，成功報酬として，勝訴額の10パーセントをいただきたいと思いますので，そのように考えておいて下さい。また，裁判所に納める費用などについては，ただいま申し上げたことを含めて，詳細は事務員の小川に尋ねてください」と早口で語りかけた。

　来客との面談が一段落したとき，草津は，大曲賢弁護士に電話をして，緑川の事件を一緒にやってほしいと申し出た。大曲は，草津が司法修習生のときに修習に赴いた弁護士事務所で働いていた弁護士（いわゆる居候弁護士〔イソ弁〕）で，ともに清流会という弁護士の会派に属していることもあって，何度か一緒に仕事をしたことがあった。しかも，最近，大曲が医療過誤訴訟に興味を抱いていることを知ったので，この事件に協力を求める気になった。

　翌日夕方，行きつけの小料理屋「佳月」で落ち合った2人は，草津が下書きしてきた訴状案を検討し，この事件では，こちらに協力してくれる専門家を急いで探し，役に立つ情報の提供を求め，また，病院側からできるだけ情報を引き出すという訴訟戦術をとることにした。不思議なもので，このような共同作業をしていると，今にも勝訴できるような気になってきて，心地よく酔うことができた。

7 訴　　状

　次の日，草津は事務所に着くとすぐに小川めぐみを呼んで，訴状案を手渡しパソコンに入力するよう頼んだ。その後，読み合わせをして間違いのないことを確かめたうえ，職印を押し，早乙女に訴状の原本1通と被告の数だけの副本を添えて裁判所に持って行ってもらった。訴状と合わせて，いくつかの「証拠」（書面）と「証拠説明書」も提出した。

訴　　状

平成 26 年 1 月 16 日

名古屋地方裁判所　　　御　中

〒448-0023　刈谷市西本町 3 丁目 6 の 2
電話　0566-46-8642
原告　　　　緑　川　和　子
〒460-0005　名古屋市中区東新町 2 丁目 8 の 4
東新ビル 5 階 504 号
〔送達場所〕　草津三郎法律事務所
電話　052-324-9765
FAX　052-324-9768
上記原告訴訟代理人弁護士　　草　津　三　郎
〒461-0015　名古屋市東区泉 1 丁目 5 の 3
片桐ビル 3 階 307 号
大曲・矢代法律事務所
電話　052-213-4590
FAX　052-213-4592
上記原告訴訟代理人弁護士　　大　曲　　　賢
〒466-0045　名古屋市昭和区池上町 8 丁目 1 の 5
電話　052-627-0022
被告　　医療法人陵南総合病院
代表者・理事長　　永　田　信　一

〒456-0031　名古屋市熱田区神宮3丁目7の3
電話　052-413-6178
被告　　　　中之条　猛

損害賠償請求事件
　訴訟物の価額　48,684,870円
　貼用印紙額　　211,600円

　　　　請求の趣旨
1　被告らは，それぞれ，原告緑川和子に対し，金48,684,870円及び内金43,684,870円につき平成25年9月20日から，また内金5,000,000円につき本訴状送達の日の翌日から，いずれも右支払済に至るまで年5分の割合による金員を支払え。
2　訴訟費用は被告らの連帯負担とする。
との判決ならびに仮執行の宣言を求める。

　　　　請求の原因
第1　原告は本件により死亡した緑川由佳（平成21年3月10日生まれで，当時4歳6ヶ月）の母であり，被告中之条猛は被告医療法人陵南総合病院小児科の医師である（以下，緑川由佳を由佳，被告医療法人陵南総合病院を被告病院，被告中之条猛を中之条という）。
第2　損害の発生
　上記訴外由佳は，事件の発生の3,4日前から腹部の痛みを訴え，のどをぜいぜい鳴らし，顔色も悪かったが，ついに手足や口唇にチアノーゼが見られるようになったので，平成25年9月18日午後5時頃，花巻医院に行き診察を受けた。花巻秀夫医師は気管支喘息と心不全を疑い，酸素吸入とともに気管支拡張剤（サルタノール）の吸入を実施し，また副腎皮質ホルモン（サクシゾン）と強心配糖体（セジラニド）を点滴注射により投与した。しかし，症状の好転をみなかったので，原告緑川和子に対し大きな病院へ入院させる必要を説き，午後10時02分，由佳を被告病院小児科に急患として転送した。しかるに，同病院の担当医師である被告中之条は，急を要する適切な処置を講じなかったため，翌19日午前7時10分由佳は心不全により死亡するに至った。
第3　被告らの責任
　1　一般的に言って，小児の病気は往々にして急速に悪化するものであるのに，中之条は，由佳が死亡するに至るまで，心電図はとったものの，胸部レントゲン撮影をなすことなく，また1回回診したのみで，当夜早速病因を解明することをしなかった。しかも，中之条は，由佳が平成22年9月8日守口循環器医療センターで心臓の手術を受けている事実を知りながら，適切な処置を講じなかったばかりか，

花巻医院においてなされ，かつ，転送中の救急車内でも続けられていた酸素吸入を中止した。また，看護師の巡視も回数が少ないうえに，看護師は病室に来てもちょっと覗く程度で何もしなかった。これは，被告中之条が由佳の病状の重篤性についての判断を誤り，看護師に必要適切な指示を与えなかったためである。

2　被告病院は，中之条を雇用し，その診療をもっぱら同人に委ねていたのであるから，中之条と連帯して，原告緑川和子および訴外由佳に生じた損害を賠償する責任がある。

3　なお，原告の申立てに基づき，平成25年12月12日，被告病院に対するカルテ等の証拠保全決定（名古屋地裁，平成25年(モ)第416号）がなされ，同証拠保全が実施された。

第4　損害額

1　訴外由佳の逸失利益

訴外由佳は死亡当時4歳6ヶ月であり，18歳から67歳まで就労が可能であったと推定される。平成25年度賃金センサスによると，女子全年齢平均賃金の年額は，金3,539,300円である。

　　　中間利息の控除はライプニッツ式によると，
　　　4歳から67歳までの63年に対応する係数＝19.0751
　　　4歳から18歳までの14年に対応する係数＝9.8986
　　　19.0751－9.8986＝9.1765であり，したがって逸失利益は，生活費の30％を控除して計算すると，
　　　（年間総収入）　（適応係数）　（生活費割合）
　　　3,539,300円×9.1765×(1－0.3)＝22,734,870円となる。

原告は上記損害額を相続した。

2　慰謝料

原告は，ひとり娘である由佳の将来に期待し，その生育を唯一の楽しみとして生きてきたのに，被告らの不当で怠慢な診療による死亡の結果，計り知れない精神的苦痛を被った。この精神的苦痛を慰謝するには，金20,000,000万円の支払いをなすのが相当である。

3　葬儀費用

原告は由佳の葬儀を行い，そのために金950,000円を支出した。

4　弁護士費用

原告は，弁護士草津三郎ならびに弁護士大曲賢に本件訴訟を委任し，その報酬として金5,000,000円を支払うことになった。

第5　結論

よって，原告は被告らに対し，それぞれ，金48,684,870円および内金43,684,870円に対しては由佳死亡の日の翌日である平成25年9月20日から，また，内金

5,000,000円（弁護士費用）に対しては本件訴状送達の日の翌日から完済までの間，年5分の割合による遅延損害金の支払いを求める。

　　　証拠方法
　　甲A第1号証　　　死亡診断書
　　甲A第2号証の1　診療録の写し
　　甲A第2号証の2　看護日誌の写し
　　甲A第2号証の3　病室日誌の写し
　　甲A第2号証の4　心電図の写し
　　甲A第2号証の5　検査記録の写し
　　甲A第2号証の6　投薬記録の写し
　　甲C第3号証　　　領収書（白水葬儀社）
　　甲C第4号証　　　領収書（草津三郎弁護士）
　　甲C第5号証　　　領収書（大曲賢弁護士）

　　　添付書類
　　1　戸籍謄本（緑川和子）　　　1通
　　2　資格証明書（永田信一）　　1通
　　3　訴訟委任状（草津三郎）　　1通
　　4　訴訟委任状（大曲賢）　　　1通

8　訴状の点検と送達

　新件の受付窓口（民事訟廷事件係）では，係の者が，訴状を一読して，この裁判所で取り扱える事件であり，必要な印紙も貼付されていることを確認したうえで，訴状を持ってきた早乙女に，「参考事項の聴取書」を手渡して，「これに回答を書いて，民事第4部へファックスするように」と事務的に伝えた。本事件は，平成26年(ワ)第235号損害賠償請求事件という事件名・事件番号が付けられ，訴状には受付印が押され，毎年年度はじめに裁判官会議であらかじめ定められた取決めに従い，医事訴訟の専門部である民事第4部に配付された。
　早乙女は，民事第4部と聞いてほっとした。以前，草津が，民事第3部に事件が回されるとイヤだなー，と言っていたからである。草津は，民事第3部の宮田裁判長には，ある事件の進め方と判決結果に関して，不信感をもっていた。

裁判官と弁護士との間にも，ウマが合う，合わないがある。

　民事第4部には5人の裁判官が所属し，2つの合議部を作っている。どちらの部も岡田徹判事が部総括裁判官（裁判長）であるが，陪席の裁判官はそれぞれ別人である。緑川の事件は，岡田判事，安井幹二判事，加茂翼判事補によって構成される合議部が担当することになった。

　この部の書記官安宅詩郎は，あらかじめ裁判官と打ち合わせてある審査項目を中心に訴状を点検した。訴状では，原告の主張する損害賠償請求権が，不法行為によるものか，診療契約の違反によるものかがはっきりしないようなので，そのことを「進行メモ」に書いて岡田判事のところに持参した。かつては裁判所書記官の職務は，その名のとおり記録することと記録の整理，保管をすることであったが，最近では，裁判官と密接に連絡し合って事件の争点や進行について裁判所と共通の認識を持ち，訴訟の進行を管理したり，事実や法律の調査について裁判官の補助をしたりといった職務も行うようになっている。

　岡田判事は，進行メモに目を通した後，横に立ったままでいる安宅に小さな声で，

　「訴状に必ず書かねばならない事項（必要的記載事項）は一応書かれているし，印紙の額も問題ないようだね。請求の法的根拠の点は確かに曖昧だね。この段階で，法的根拠について，期日外で原告側に釈明するという方法もないわけではないが，どうしますかね」安宅は黙っていた。岡田が考えをもっていることがわかっていたからである。岡田は，続けた。

　「まあ，わざわざ釈明しなくても，どうせ口頭弁論で問題となるでしょう。だから，これについては様子をみることにしますか。電話で釈明などしないで，このまま送達して下さい」安宅からみると，いつも岡田の判断は的確で手際がよかった。

　翌日，草津弁護士から，「原告訴訟代理人参考事項聴取書」に対する回答がファックスで書記官室に送られてきた。

　裁判所は，第1回口頭弁論期日を平成26年2月25日（火）と定めて，被告らに対して訴状，口頭弁論期日への呼出状および「参考事項の聴取書」を送達した。

平成26年(ワ)第235号　　原告　緑川　和子
　　　　　　　　　　　　被告　医療法人陵南総合病院ほか1名

参考事項の聴取書

原告訴訟代理人　殿

　　　　　　　　　　　　　　　　名古屋地方裁判所第4民事部医1係
　　　　　　　　　　　　　　　　FAX　052-211-3500

　医事関係訴訟の円滑な進行を図るため，次の事項をお尋ねしますので，回答をご記入の上，当部あてファクシミリにて早急にご回答ください。

1　証拠保全の有無（訴状に記載済みの場合は記入不要）
　☑ある（裁判所名；名古屋地裁，事件番号；平成25年(モ)416号）
　□ない

2　協力医の有無　　□いる　　☑いない

3　他院での診療について
　(1)　本件に関連し他院での診療の有無　　☑ある　　□ない
　(2)　(1)であると答えた場合，他院における診療録等の所持の有無
　　　□ある　　☑ない（□今後入手する予定）
　(3)　他院での診療録等を書証として提出する予定の有無
　　　□ある　　□ない（□不要）　　☑未定

4　争点等の整理手続の選択について
　☑特に意見はない
　□弁論準備手続（□電話会議システム）を希望する
　□口頭弁論を希望する（理由：　　　　　　　　　　　　　　　）
　□準備的口頭弁論を希望する
　□書面による準備手続（□電話会議システム）を希望する
　□専門家の関与を希望する□専門家の関与を希望しない

5(1)　私的鑑定書提出の予定について　　□ある　　□ない　　☑未定
　(2)　(1)であると答えた場合，私的鑑定書の作成状況について
　　　□作成している　　□作成中　　□今後作成を依頼する予定である

6　和解　□希望する　　□希望しない　　□場合によっては希望する　　☑未定

7　その他（今後の具体的な主張・立証予定や進行に関する意見等があれば，ご記入ください。）

　　　　　　　　　　　　　　　平成26年1月17日
　　　　　　　　　　　　　　　　回答者氏名　原告訴訟代理人
　　　　　　　　　　　　　　　　　　　　弁護士　草津　三郎

⑨ 被告側の対応

　訴状が送られてきたことを妻から電話で知らされた中之条は，何かに八つ当たりしたい気持ちを抑えながら午前の診察を終え，昼食も摂らずに荒木小児科部長のところに走った。同じ日に病院にも訴状が送達されていた。先の証拠保全の際にも，大きな衝撃を受けたが，〈証拠保全は，証拠が毀損，改ざん，隠匿されることを防止し，あとで訴訟になったときに証拠として利用することができるようにしておくためになされるものであり，そのようにして収集した証拠を見てみても，勝訴の見込みが立たないと，裁判をしても返り討ちにあうようなものである。また，この種の裁判は長引き，費用もかさむのが通常であるから，訴える方としては，どうしても慎重にならざるをえない。だから，証拠保全がなされたからといって，訴訟にまでなるとは限らない〉というのが病院の顧問弁護士菊池の話であったので，陵南総合病院の首脳陣も中之条医師も，何とか心の平静を保っていたところである。
　陵南総合病院は，菊池一男法律事務所の所長である菊池を顧問弁護士とし，何か事あるごとに同事務所にその処理を委任してきた。菊池弁護士は，今年還暦を迎えるベテラン弁護士であり，名古屋弁護士会会長の経験者でもある。同法律事務所には，菊池のほかに川棚大樹，下河原宏，諏訪登の3人の弁護士が所属し，事務員も男女あわせて8人が働いている。
　早速，病院から菊池弁護士に連絡をとったが，出張の予定があり，またその間に日曜日が挟まったりで，会合がもたれたのは5日後の夕方であった。理事長室の大きなテーブルの片側に，理事長の永田信一，内科部長を兼ねている病院長，荒木小児科部長，羽賀事務長，それに中之条医師が席を占め，頭は禿ているが，顔色はつやつやして，威風堂々とした菊池弁護士と，これとは対称的に小柄で，青白い顔をした川棚大樹弁護士が，テーブルの反対側に並んで座った。
　永田理事長が，イラつきを隠さず切り出した。
　「証拠保全だけでなく，裁判まで起こされるとは，いったいどうなっているんだ。こちらに何か落ち度でもあったのかね。こんなことになる前に遺族に手

を打っておくことはできなかったのかね」

隣にいた事務長は，その通りと言わぬばかりに，大げさにうなずいていた。

重苦しい雰囲気がその場を支配し，ひと時，沈黙が続いたが，菊池が引き取った。

「こちらに手落ちがなくても，訴えを起こしてくる患者は，どこにでもいますし，またすでに訴えられているわけですから，今さら，なぜ訴えられたかというようなことを詮索しても，あまり生産的ではありません。それよりは，この事態にどう対処するかを考えましょう……先生方，結局のところどうなんですか。中之条先生がいらっしゃるので，おっしゃりにくいかもしれませんが，こちらに何か手落ちがあったんでしょうか」

ようやく対策会議らしくなってきたところで中之条が口を開いた。

「ご迷惑なようでしたら，退席でも何でもしますよ。患者に対する処置や死亡後の対応については，荒木先生に話してありますから，何ならそちらから聞いてもらったらいいんですが」

「いやいや，退席する必要なんかまったくないよ。あのクランケ（患者）に対する中之条さんの処置は大筋では間違っていないんだから，訴訟でも堂々とそう言ってやればいいんだ」と荒木小児科部長。これを受ける形で菊池弁護士が，

「このような場合，病院と担当医師とがバラバラなのが一番まずいのです。皆で協力して事に当たって下さい」

「どうです，中之条先生も菊池先生に事件をお願いされては？　そうすれば，弁護士さんへの費用は先生にご負担していただかなくてもよいことになりましょう」と事務長。

中之条は，そうすると病院の都合で自分の立場が無視されるのではないかという不安を漠然と感じたが，別の代理人をたてるというようなことを言えるような雰囲気でもなかったので，曖昧にうなずいた。

時間を気にしながら菊池が話し出した。

「訴状では，レントゲンを撮っていない，酸素吸入を中止した，看護師への必要な指示がないという3点を除けば，担当医がやるべきことをやらなかったと抽象的に言っているだけです。これについては，専門家として，どのように

平成26年(ワ)第235号　　原告　緑川　和子
　　　　　　　　　　　　被告　医療法人陵南総合病院ほか1名

参考事項の聴取書

被告訴訟代理人　殿

　　　　　　　　　　　　　　　　名古屋地方裁判所民事第4部医1係
　　　　　　　　　　　　　　　　FAX　052-211-3500

　医事関係訴訟の円滑な進行を図るため，次の事項をお尋ねしますので，回答をご記入の上，当部あてファクシミリにて早急にご回答ください。

1　第1回口頭弁論期日には
　　☑出頭する
　　☐事務員が出頭する
　　☐擬制陳述を希望する（次回希望日：　　　　　　　　　）
　　☐期日変更を希望する（次回希望日：　　　　　　　　　）

2(1)　実質的答弁書・準備書面は　☑　第1回口頭弁論期日までに提出する
　　　　　　　　　　　　　　　　☐　　月　　日　までに提出する
　(2)　カルテ等の基本書証は　月　日までに提出する
　(3)　診療経過一覧表を　月　日までに提出する

3　争点等の整理手続の選択について
　　☑特に意見はない
　　☐弁論準備手続（☐電話会議システム）を希望する
　　☐口頭弁論を希望する（理由：　　　　　　　　　　　　　）
　　☐準備的口頭弁論を希望する
　　☐書面による準備手続（☐電話会議システム）を希望する
　　☐専門家の関与を希望する
　　☐専門家の関与を希望しない

4(1)　私的鑑定書提出の予定について　☐ある　☐ない　☑未定
　(2)　(1)であると答えた場合，私的鑑定書の作成状況について
　　　　☐作成している　☐作成中　☐今後作成を依頼する予定である

5　原告との事前交渉　☐ある　☑ない

6　和解　☐希望する　☐希望しない　☑場合によっては希望する　☐未定

7　関連事件　☐ある（　部・平成　年（　）第　号）　☑ない　☐不明

8　その他（具体的な主張・立証予定や進行に関する意見等をご記入ください。）

　　　　　　　　　　　　　　平成26年1月29日
　　　　　　　　　　　　　　　回答者氏名　被告ら訴訟代理人
　　　　　　　　　　　　　　　　　　　　弁護士　菊池　一男

お考えですか」
　これを受けて医師達の間で，死因や治療方法についていろいろ話し合われ，あの場合，どのようにすべきであったかについては多少の異論もあったが，原告から不手際と指摘された3点が決定的なものではないという点では意見の一致をみた。
　頃合いをみて菊池は，当面の方針を提案した。
　「それではまあ，とりあえず全面的に争うという態度で臨み，当分の間はこちらから手のうちを見せるようなことは差し控え，相手がどこまで調査をしているか，あちらの出方を見てみる，というのではどうでしょうか」これには誰からも異論はなかった。
　中之条以外の医師達が退席したのを見届けて，事務長が心配そうな顔で，
　「先生，この訴訟にはどれくらい費用がかかるでしょうか」と菊池に問いかけた。菊池は，しばらく考えて，
　「これは難しい事件だし，時間もかなりかかりそうだが，こちらからは毎月顧問料も頂戴していますので，着手金は200万ということでどうでしょう。ただし，出廷の場合には，1回につき5万円の日当を払っていただきたいと思います」と答えた。理事長は，納得の表情で委任状に署名捺印し，中之条もそれに続いた。
　結論が出たところで，菊池は，病院が損害責任保険に入っているかどうかを尋ね，訴えられたことを保険会社に通知し，この事件を自分たち弁護士に委任したい旨を伝え，了解を得ておくのがよいと進言した。訴訟に負けた場合に，保険金を支払ってもらいやすいからである。その後，答弁書を書くうえで，さらに聞きたいことがあるのでと言って，中之条に残ってもらい，担当の看護師であった深町もこの場に呼ばれた。
　翌日，裁判所から訴状とともに送られてきていた「参考事項の聴取書」に，第1回口頭弁論期日に出席する旨とその期日までに答弁書を提出する旨を記載し，ファックスで裁判所に送付した。
　その後，川棚が下書きをし，菊池が手直しをした答弁書の正本と副本を，訴訟委任状と一緒に事務員が裁判所に持って行き，また，答弁書の写しを草津弁護士へファックスで送った。

早乙女は，ファックスが読めるか，頁が飛んでいないかを確認したうえで，受領書に草津の職印を押し，小川のチェックを受けたうえで，裁判所と菊池弁護士事務所へ送った。また，緑川にも答弁書のコピーを郵送し，もし事実と違う点があれば，それをメモして持ってくるようにと書き送った。そのあと，草津は，大曲弁護士の事務所に赴き，答弁書のコピーを渡したうえで口頭弁論期日への対応を時間をかけて協議した。

⑩　答　弁　書

```
平成 26 年(ワ)第 235 号　損害賠償請求事件
　原告　　緑川　和子
　被告　　医療法人陵南総合病院ほか 1 名
```

答　弁　書

平成 26 年 2 月 21 日

名古屋地方裁判所　民事第 4 部　御中

　上記当事者間の標記損害賠償請求事件につき，被告らは以下のとおり答弁する。

〒460-0002　名古屋市中区香林町 2 丁目 8 の 1
　　　　　　香林ビル 3 階 310 号〔送達場所〕
　　　　　　（電話　052-268-0056）
　　　　　　（FAX　052-268-2345）
　　　　　被告訴訟代理人弁護士　　菊池　一男
　　　　　　同　　　　　　　　　　川棚　大樹

記

第 1　請求の趣旨に対する答弁
　1　原告の請求を棄却する。

2　訴訟費用は原告の負担とする。
との判決を求める。
　なお，本件につき仮執行の宣言を付すことは相当でないが，かりに仮執行宣言を付す場合には，担保を条件とする仮執行免脱の宣言を求める。

第2　請求の原因に対する認否
　1　請求原因第1項は認める。
　2　同第2項前段については，緑川由佳が陵南総合病院に転送されたことは認める。また，花巻秀夫医師の紹介状に原告主張のような処置がとられた旨の記載があることは認めるが，それらの事実が存在したか否かについては不知。
　同第2項後段については，由佳が平成25年9月19日午前7時10分に死亡したことは認めるが，その他については否認する。
　3　同第3項の1の前段については，胸部レントゲン撮影をしなかったことは認めるが，その他は否認する。
　花巻医院において当日撮影されたレントゲン写真が転送の際に持参され，被告中之条はこの写真を見て診断したのであるから問題はない。花巻医院での撮影後わずか数時間しか経っていないから，再度撮影しても，レントゲン写真上に顕著な差異が現れるとは思えない。
　また，原告は，被告中之条が1回しか回診しなかったというが，中之条は，入院後1時間余り処置室で由佳を観察しており，その後，9月19日午前0時30分頃，由佳の病室へ回診に行き，午前1時までの間，由佳の容態が小康を保っていることを見届けている。また，看護師の報告によって午前0時15分頃排尿があったことを確認している。
　4　同第3項の1の後段については，原告緑川和子が被告中之条の問診に対して，由佳が過去に心臓の手術を受けたことがあると答えたことは認めるが，手術の内容等についての詳細は不知。酸素吸入を中止したことは認めるが，その趣旨は後述のとおりであり，適切な処置であった。その他はすべて否認する。
　由佳は花巻医院から引き続き酸素吸入と点滴注射を受けながら処置室に運び込まれたが，酸素吸入を極度に嫌がり，点滴を苦にして「家に帰る」とむずかり，診察も行えない状態であった。酸素吸入をはずしてやると少しおとなしくなり，しばらく経っても，別段チアノーゼが増強する様子もなかったので，嫌がる酸素吸入を行って安静を害するほうが良くないと判断し，あえて酸素吸入をしなかったまでである。原告は，酸素吸入をはずしたのが被告中之条の過失であり，それが死亡の原因であるかのように言うが，酸素吸入をするか，安静を重視するかは，医師の裁量によるところであり，それが過失であるとは，とうてい言えない。また酸素吸入をしなかったことと死亡との間には因果関係があるとは考えられない。

また，看護師深町美津子は，中之条の指示により午前1時，3時，4時，5時の4回にわたり巡視しており，各巡視時に病状に変化がなく，小康状態を保っていることを確認している。午前4時には，由佳ははっきりした言葉でお茶を要求し，ソリタ水20ccを飲ませたが，嘔吐もしないで入眠した。中之条は，午前4時すぎに深町から午前4時の状態は入院時と変わらず落ちついている旨の報告を受けた。
　　原告が被告中之条の過失と主張する具体的な行為は，上に見たように，いずれも過失とは言えない。当日は入院患者も多く，また由佳のほかにも救急患者が運び込まれたが，それにもかかわらず，被告中之条は由佳の診察に際し，多くの時間をさいて慎重に対処したのであり，何もしなかったという原告の主張は明らかに失当である。
　5　同第3項の2については，被告中之条が，被告陵南総合病院の勤務医であること，および由佳の担当医であったことは認めるが，その他は否認する。
　6　同第3項3に書かれている証拠保全が実施されたことは認める。
　7　同第4項の1および2は否認する。
　8　同第4項の3および4は不知。
　9　同第5項は争う。

第3　書証に対する認否
　1　甲A第1号証　　　　　認める
　2　甲A第2号の1〜6　　認める
　3　甲C第3号証　　　　　不知
　4　甲C第4号証　　　　　不知
　5　甲C第5号証　　　　　不知

第4　附属書類
　1　訴訟委任状（菊池と川棚）　各1通

　　　　　　　　　　　　　　　　　　　　　　　　以　上

【第2章　解説】

(1) 弁護士の複数のメリットとデメリット

　複雑で困難な事件では，一般的に言えば，代理人は1人ではなく，何人かが協力し合いながら訴訟を進めることが望ましい。専門家と言えども，1人の弁護士の能力と処理する仕事量には，自ずと限界があるからである。また，理屈では説明しにくいが，法廷の当事者席に1人の弁護士がいるのと複数の弁護士がいるのとでは，相手方や裁判所に与える迫力が違うことも事実である。

　複数で代理することを共同代理というが，この場合でも，各代理人は，単独で本人を代理する権限を持つ（民訴56条）。したがって，例えば2人の代理人のうち1人が欠席しても，訴訟上は出席している代理人が本人に代わって一切の訴訟行為ができる。

　もっとも，共同代理には，メリットばかりではなくデメリットもある。本人からすれば，1人よりも2人のほうが弁護士費用がかかる（もっとも，現実には倍になることは少ない）。また，しばしば中心になる1人の弁護士に任せてしまって，複数のメリットが生かされないこともある。加えて，代理人が多数になると，すべての弁護士が都合のつく日時が限られるので，期日の指定が困難となり，そのために訴訟の迅速化が妨げられかねない。

(2) 損害賠償額とその内訳

　契約違反や不法行為に基づく損害賠償請求訴訟では，どのような損害を受けたかを主張するだけではなく，それを金銭に評価して，金何円を支払えという判決を求めなければならない。最愛の娘を失ったことによる精神的な苦痛も，金何円の慰謝料という形で請求する。財産的な損害としては，支出せざるを得なかった治療費や葬儀費などのほかに，死んだり，ケガをしたりしなければ，得られたであろう所得（逸失利益）も含まれる。未だ職を持っていない幼児の死亡による逸失利益の計算は，賃金センサスの全年齢平均の給与額を基礎として，中間利息をライプニッツ方式で控除するという方法で計算するのが通常であり，本件の訴状も，この方法によっている。

　なお，わが国では，弁護士に頼まないで自分で訴訟ができるという建前（本人訴訟主義）があるので，原則として弁護士費用を損害の中に含めることができないが，不法行為に基づく損害の賠償請求の場合には，原則として損害の中に含めることが認められている。

(3) 「訴状」に対する裁判所の対応

　訴えは，「訴状」と呼ばれる書面を提出してする（簡易裁判所に訴えるときは，口頭で訴えることができると規定されているが〔民訴271条〕，現実の簡易裁判所実務では，実際上，口頭による訴え提起は行われていない。その代わりに，手続を易しく解説した

パンフレットと，穴埋め式の定型訴状が受付窓口に用意されており，この定型訴状を用いて訴えが提起できるようにしている）。提出された訴状は，裁判官会議であらかじめ決められた事務配分の定めに従い，特定の裁判官または合議体に配付される。事件の配布を受けたときは，合議体の裁判長（単独のときは当該の裁判官）は，訴状を審査する。この審査は，訴状に必要的記載事項が記載されているか，手数料相当額の印紙が貼られているかについて行われ，これらに不備があれば，裁判長は原告に相当の期間を定めて補正（書き改めて完全なものにすること）を命じ，また，裁判所書記官に命じて補正を促すことができる（民訴137条，民訴規56条）。原告が補正に応じないときは，裁判長は「命令」という方法の裁判で訴状を却下する。訴状に不備がないときは，訴状は，原告によって提出された副本によって裁判所から被告に送達される（民訴138条，民訴規58条）。

　訴えが提起されたとき，裁判長は速やかに，第1回口頭弁論期日を指定し，当事者双方を呼び出さなければならない（原則として，訴え提起から30日以内）（民訴139条，民訴規60条）。なお，第1回口頭弁論期日前に，当事者から，訴訟の進行について参考事項（その内容については，本文の33頁・36頁「参考事項の聴取書」参照）の聴取をすることができ（民訴規61条），本件でもそれがなされている。

(4) 「訴状」，「答弁書」の記載のあり方

　訴状には，当事者と代理人の名前，住所を書くほか，「請求の趣旨」という欄に，求める判決の内容を簡潔に書き，さらに「請求の原因」という欄に，そのような判決の根拠となる権利を特定するのに必要な事実を，必ず記載しなければならない（民訴133条）。誰が誰に，何を求めているかをはっきりさせるためである。これを必要的記載事項という。しかし，最初から実質的な審理を行うためには，当事者が，基本的な主張・立証関係をできるだけ早期に明らかにすることが必要である。このような観点から，訴状には，「請求を理由付ける事実」（訴えで主張している権利の発生要件にあたる事実）を具体的に記載し，その事実と関連する事実（間接事実）で重要なものと証拠をも記載しなければならないものとされている（民訴規53条）。

　「答弁書」とは，被告が提出する最初の準備書面を指すが，答弁書には，「請求の趣旨」に対する答弁（例えば，原告の請求の棄却を求める旨）を記載するだけでなく，訴状に記載された事実に対する認否と，被告のほうから主張する抗弁事実を具体的に記載し，かつ，予想される争点ごとに，重要な間接事実と証拠を記載しなければならない。また，重要な書証の写しを添付しなければならない（民訴規80条）。

　ただし，例えば第1回口頭弁論期日の直前に被告に訴訟代理人がついた場合のように，期日までの準備期間が短く，詳細な内容の答弁書の提出が困難であるなど，やむを得ない事由によって，これらの記載ができない場合には，答弁書の提出後速やかに，これらを記載した書面を提出しなければならないものとされている（同条1項後段）。一般的

に言って，被告側は立ち上がりが遅れるので，民事訴訟規則80条の要請にそう答弁書は現実にはむしろ少ない。

　書証とは文書の証拠のことであり，実務では，原告の書証を甲号証，被告の書証を乙号証と呼び，各当事者が番号を振って提出する扱いである。また医療関係訴訟では，医療・看護・投薬行為などの事実経過に関する書証をA，医療行為等の評価に関する，一般的な医学的知見に関する書証をB，損害の立証のための書証をCと分類し，甲A1号証などと書証番号を振るように，裁判所が当事者に協力を求めている。なお，被告が答弁書で，原告の提出した各書証に対して行っている認否については第4章に解説がある。

　(5)　どの裁判所に訴えるか（管轄）

　わが国には，最高裁判所，高等裁判所，地方裁判所，家庭裁判所，簡易裁判所の5種類の裁判所があるが，第一審として民事の訴訟事件を取り扱うのは，家庭関係事件を扱う家庭裁判所のほか，原則として地方裁判所と簡易裁判所である。140万円以下の事件（行政事件を除く）は簡易裁判所，それを超える額の事件は地方裁判所が管轄をもつのが原則である（裁判所法24条・33条）。

　地方裁判所や簡易裁判所は全国各地にあるが，被告の住所地（法人のときは本店の所在地）を管轄する裁判所が，その事件を処理する権限（管轄権）をもつのが原則である（民訴4条）。この原則的な裁判所のほかに，事件と特に関係の深い土地の裁判所にも管轄権が認められることがあり（民訴5条〜13条），そのときは，管轄権を有する裁判所のいずれに訴えるかは，原告の自由である。

　なお，大都市を管轄する大規模な裁判所では，民事事件を担当する多数の部のなかに，医療，知財などの専門部が置かれており，同種事件を集中的に担当することにより専門性を高めている。

第*3*章　弁論の開始

11　第1回口頭弁論期日
12　準備書面の交換
13　弁論準備手続の開始
14　専門委員関与の決定
15　被告の見解

11　第1回口頭弁論期日

　答弁書を受領した安宅書記官は、訴状の受理後に作成した「進行メモ」（USBメモリー）に答弁書記載事項のうち主要なものを書き加えた。口頭弁論期日の前日、岡田判事と安宅書記官は、本件を含む翌日の全事件の打ち合わせを行った。本件については、2人の間で次のようなやりとりがあった。
　「安宅君、君が以前言っていた、診療契約違反か、不法行為かという法律構成の問題のほかに、その後、何か気付いたことがありますか」
　「えーとー、レントゲンを撮らなかった、医師の回診が1回だけであった、看護師の巡視が形式的であったといったことは、医師がその程度の注意しか払っていなかったということの証明にはなるでしょうが、肝心なのは、医師に過失があるというためには、どれほどの慎重さが要求されるのか、また、医師がもっと注意深く観察していたら患者は死ななかったかが問題なのではないでしょうか。酸素吸入の中止についても、その中止によって死亡したと言えるのでないと、原告の請求は認められないと思います」
　「そうだね、訴状には『急を要する適切な処置をしなかった』と書いてあるが、その処置が具体的に何かについては明らかでありませんね。ただ、それを原告に明らかにしろというのは、ちょっと酷な気もするね。もちろん、この点はいずれ明確にしなければなりませんが、当事者のどちらに対して釈明するのがよいか、判断が難しいところですから、しばらくは裁判所からの釈明は控えておくことにしましょう。まあ、放っておいても、どうせこの点はすぐ問題となってくるでしょう」

　いよいよ第1回口頭弁論の日がきた。緑川和子は、裁判所の玄関で第503号法廷が5階にあることを教えてもらい、草津との打ち合わせどおりに、その入口で待っていた。何となく不安な気持ちを打ち払うために、一生懸命、由佳のことを考えているところへ草津と大曲が明るい顔でやってきた。大曲の黒っぽいスーツと黒い大きいカバンが、いかにも弁護士らしく裁判所の雰囲気にあっていた。緑川は少しほっとした。草津から大曲弁護士を紹介されたので、

「どうぞよろしくお願いします」と言って，深々と頭を下げた。ドアにハガキくらいの大きさの覗き窓があるのを珍しく思いながら法廷の中に入ると，見知らぬ人が数人，すでに後部の座席（傍聴席）に座っている。不安げに見ている緑川に，草津は，

「ほかの事件の人たちですよ。裁判所は同時に多数の事件を入れますからね」と教えてくれた。草津と大曲は法廷に入って壁際の机の上に置いてあるメモ用紙ふうのものに自分の名前を書いた。誰が出廷しているかを確認するための出廷票である。

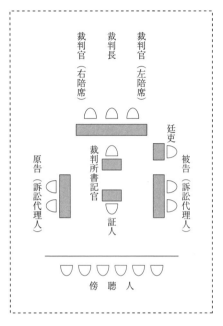

傍聴席に座って前を見ると，前方は50センチほど高くなっており，その上に大きな机と，背もたれがとても高い椅子が3脚並べられている。正面にドアがあるが，どこにも窓がなく，天井が高い。緑川は，ひととおり部屋を眺め終わって，中之条医師が来ているかと探したが，その姿はない。まだかしらと思いながらドアの方を見ていた緑川は，「起立」という廷吏の声に反射的に立ち上がりつつ前方を見ると，黒いガウンを着た3人の裁判官が前方の入口から静々と入室したところであった。「礼」という号令にしたがって一礼し，裁判官たちが座ってしまってから着席が許された。しばらく静寂が流れた。

裁判官が上から自分を見つめているように思えて身体をこわばらせていると，廷吏が何か言った。それに応じて，1人の男が右側の席に，もう1人の男が左側の席につき，真ん中にいる書記官らしい人が，下から裁判長らしい人に何か言いながら書類を渡した。

傍聴席のほうから見て左側の男性が立ち上がり，「訴状記載のとおり陳述します」と言い，続いて右側の男性が「答弁書記載のとおりに陳述します」と述べ，その後，裁判長から2，3質問があったが，満足のいく答えがなかった模

様で，「じゃ，その点についても次の準備書面で明らかにしてください」と言われていた。その間，5分ぐらいで，あとは次回の期日が決められ，2人は裁判官に軽く一礼して退室した。同じようなことが3回繰りかえされ，4番目に緑川の事件が，「平成26年(ワ)第235号，草津・大曲先生と菊池先生」と呼び上げられた。

「あなたは，ここにいて下さい」と言って，草津と大曲は原告側の席についた。やがて，裁判長が「原告，訴状記載のとおり陳述，被告，答弁書記載のとおり陳述，でよろしいですね」と抑揚のない調子で述べた。両代理人席ともうなずいた。続いて，裁判長は，

「原告代理人，本件は，診療契約違反を理由とするものですか，それとも不法行為を根拠とするものですか」と問いかけた。草津は，机の上に置かれた書類をパラパラめくりながら，

「えー，陵南総合病院に対しては，診療契約違反を理由とし，被告中之条には不法行為責任を主張します。病院は，中之条医師の使用者ですから，民法715条の使用者責任も負うことになります。もちろん，契約上の債務不履行でも不法行為でも，どちらか一方を認めていただければ，それで十分ですが」と答えた。なお，近日中に，被告の答弁書に対する反論（準備書面）を提出するので，その書面の中で法的構成を明確にしたいと申し出た。

岡田は，原告代理人の答えを口頭弁論調書にとることを考えていたが，左右の陪席裁判官と言葉を交わした後，

「それでは，ただいまの点は，次回に原告からご主張いただくことにします」と念を押した。

岡田裁判長は一呼吸おいてから，

「さて，次回からの審理ですが，本件はかなり複雑な事件のようですから，弁論準備手続で争点と証拠の整理をしたいと思いますが，いかがですか」と言いながら，両サイドの弁護士へ交互に視線を走らせた。

弁論準備手続とは，争点と証拠の整理をして，本来の審理（口頭弁論）を効率よく行うことができるようにするための手続であり，口頭弁論に比べると，厳格性が緩和された手続である。複雑な事件では，この手続が利用されることが多いので，双方の弁護士とも，このような提案がなされることは予想してい

た。
　弁論準備手続では，利害関係のない人の傍聴を認めないのが原則であるので，病院側に有利なようである点が気になったが，だからといって，それだけで裁判長の提案を否定できるものではないと判断し，草津は，「それで結構です」と小声で答えた。被告側の弁護士にも異論はなかった。
　「それでは，第 1 回目の弁論準備手続期日をいつにするかですが」と言いながら，岡田裁判長は，大きなノート状の日誌を開いた。同時に，弁護士たちも，黒っぽい手帳を取り出した。「4 月 15 日午前 11 時」という岡田からの提案に対し，菊池は，「午後 3 時以降ならお受けできますが」と述べた。一呼吸おいて，岡田は，
　「それでは 4 月 22 日午前はいかがですか」と聞いた。双方の弁護士とも異論はなかった。
　期日が決まり，あとは準備書面の提出期限を決めることが残っていた。いつまでに提出してもらえるかという質問に，草津は，「3 週間ぐらい時間が欲しい」と言い，提出期限は平成 26 年 3 月 31 日と決定した。原告の準備書面を受けて被告側が出す準備書面の提出期限も，菊池の意向を踏まえて，同年 4 月 15 日とし，第 1 回弁論準備手続期日を 4 月 22 日（火）午前 11 時と決定して，この日の審理は終了した。

　帰り道，緑川は草津に「中之条先生はお見えにならなかったようですね」と，裁判所での疑問を口にしてみた。なんだそんなことかという感じで，草津は，特に当事者自身が出ていく必要がある場合は別として，代理人が出廷すればよいのだと説明し，「あなたもご都合が悪ければ次回から来られなくても結構ですよ」と言った。
　緑川は，「先生，裁判はいつも今日のようにあっさり終わるのでしょうか」と重ねて尋ねてみた。「いつもそうとは限りません。ことに証人を尋問するときなどは，口頭でいちいち質問し，答えも口頭でしますので，大変時間がかかります」という返事であった。

12　準備書面の交換

あっというまに2週間が経ち，草津と大曲は会合して，緑川が書いてきた詳細なメモを見ながら，次のような準備書面(1)を書いて，裁判所に提出し，菊池弁護士にもその副本をファックスで送信した。菊池事務所からは，直ちに「受領書」がファックスで返送された。

〔原告側の〕準備書面(1)

平成26年(ワ)第235号損害賠償請求事件
原告　　緑川　和子
被告　　医療法人陵南総合病院ほか1名

平成26年3月31日

名古屋地方裁判所民事第4部　御中

　上記当事者間の御庁平成26年(ワ)第235号損害賠償請求事件について，原告は次のとおり弁論を準備します。

記

1　被告らは，被告中之条が9月19日午前0時30分回診に行き，午前1時までの間，由佳の状態が小康を保っているのを見届けたと主張するが，ちょっとのぞいたのみで，被告の主張のように30分も観察していたのではない。
　花巻医師が大きな病院に転院させる必要のある理由として挙げたのは，いろいろな検査ができる設備があり，スタッフもいるところで，早急に本格的な検査を受けるほうがよいということであった。そのことは，転院に際し同道した同医師から中之条にも当然に伝達されていたはずである。しかるに，中之条はただ1回しか回診していない。しかもその回診は，ちょっと聴診器をあてただけのものであり，30分も診ていたという被告の主張は事実に反する。いったい，同医師は由佳の病状をどのように判断していたのか。ただ，1回の回診で十分な程度の病状と判断していたのであれば，翌朝死亡という結果からみて，判断の誤りないし判断に甘さがあったと言わなければならない。由佳死亡後に原告が花巻医師にその死亡を伝えたとこ

ろ，同医師は大いに驚かれ，信じがたいという様子であった。

2　被告らは，由佳のほかにも急患があったが，それにもかかわらず中之条は多くの時間を割いて慎重に診察したと主張するが，上記のような1回の回診をもって，多くの時間を割いて慎重に診断したとはとうてい言えない。また，急患があったとしても，由佳より以上に重篤な患者であり，そのために由佳に対して1回しか回診するゆとりがなかったかは疑問である。かりに一歩譲ってほかの急患に手をとられていたと言うのであれば，さらにほかの病院に由佳を転送する等の措置を採るべきであった。

3　由佳の死亡後，2度にわたって，原告から質問があったにもかかわらず，中之条は，由佳の病名，実施した治療方法，死因等については，言を左右にして明言を避けており，本訴においても被告らはこれらの点についての所見を明らかにしようとしていない。1および2で問題とした中之条の態度からみると，中之条は，由佳の病状をそれほど重篤なものと診ていなかったのではないかと推測されるが，それが誤診であることは明らかである。

4　被告らは，中之条の指示により看護師深町が，午前1時，3時，4時，5時の4回巡回したと主張するが，4時には病室に入っておらず，5時には由佳に付き添っていた母親（原告）に体温計を手渡しただけで，その計測結果は，6時の急変まで確認されることなく放置されていた。

　また，被告は，午前4時に由佳が，看護師深町に対し「はっきりした言葉でお茶を要求し，ソリタ水20ccを飲ませたが嘔吐もしないで入眠した」と言うが，同看護師にお茶を要求したのは由佳自身ではなく，付き添いの母親が看護師詰所においてお茶を要求し，廊下で受け取って由佳に飲ませたものであり，右被告らの主張は事実に反する。由佳はソリタ水を飲んだが，「嘔吐もしないで入眠した」という事実をその時点で看護師が確認できたはずがない。

　さらに，看護日誌には，「のどが痛いというも再眠す」と記載されているが，由佳は，「のどが痛い」と言ったのではなく，静脈注射が漏れていたためか，「腕が痛い」と繰り返し言ったものであり，原告がこのことを同看護師に報告して善処を求めたが，これに対して同看護師は何もしなかったばかりか，看護日誌に誤った記載までしているのである。要するに，同看護師の巡視は不十分極まりないものであり，これを十分に監督していないところにも，中之条の当直医としての過失がある。

5　酸素吸入を中止した理由として，由佳が酸素吸入を嫌がってむずかり，酸素吸入を止めても安静を図ったほうがよいと判断したと主張するが，安静を図れば足りるという病状であったとはとうてい考えられない。被告ら自身も，チアノーゼの増強が見られなかったというだけで，チアノーゼが消失したとは言っていない。由佳は酸素マスクが顔に触れるのを嫌がっただけであるから，酸素テントを張れば酸素吸入を続けることが可能であったし，そうでなくても睡眠に入ってからは，口から

> 少し離して酸素マスクをあてがうことも可能であった。由佳が嫌がったからというだけで直ちに酸素吸入を中止した点からも，中之条が，由佳の病状の重篤性を十分に認識していなかったことが窺える。
> 6　以上を要するに，被告らの主張はすべて根拠のない弁解に過ぎず，中之条の過失と被告らの責任の存在は明らかである。
> 7　原告の請求原因（法的構成）……（略）……

　その頃，菊池法律事務所は大忙しであった。顧問先の共立建設工業株式会社が，多額の負債に耐えきれず倒産し，会社更生の申立てを菊池法律事務所に依頼してきた。弁護士たちは，手分けして，申立書の作成，建築資材の占有の確保，財産目録等の作成への指示，主力銀行や大口債権者との折衝，立会いなどに奔走し，事務員も法務局に走るなど，文字どおり猫の手も借りたい状況であった。事務所は，次から次に関係者が出入りし，電話もひっきりなしで，ごった返していた。

　川棚は，寝不足で充血した目をこすりながら，原告側の準備書面(1)に目を通した。〈急を要する仕事が山積みしているときに，こんな事件に関わりあっている暇はない〉というのが実感であった。そこで，側にあった便箋に走り書きをし，ベテラン事務員の城下陽子を呼んで，ここに書いたような趣旨のことを準備書面にするようにと命じ，書き上がってきたものにザッと目を通し，それを裁判所に提出し，当面はそれでお茶を濁すことにした。この準備書面の写しと原告からの準備書面のコピーが，陵南総合病院と中之条に送られたが，いずれからも特に何の連絡もなかった。

> 〔被告側の〕準備書面(1)〔要旨のみ〕
>
> 　平成26年3月31日付けの原告の準備書面では，被告中之条医師が患児由佳の病状を重篤なものと考えず，頻繁に回診することをせず，また，看護師への慎重な指示を欠いたと主張し，そのために由佳が死亡するに至ったと結論付けているが，これは訴状の記載から一歩も出ていない。すでに答弁書において主張したように，中之条医師が由佳の症状を軽易なものと判断していたわけではないが，その点はともかく，問題は，あの場合，中之条医師がどのような処置を採るべきであったか，そ

して，その処置を採っていれば死亡を免れたかである。医師や看護師が監視を続けていたからと言って，それだけで患者の死を防げるわけではない。原告は，具体的に医師がどのような処置をとるべきであり，また，それによって死亡という残念な結果を回避できたということを主張，立証すべきである。そのような主張がなされない限り，被告側としては防御のしようがない。なお，酸素吸入を続けておれば，それだけで死亡を防ぐことができたとは，とうてい考えられない。このことはすでに答弁書において述べたとおりである。

⓭ 弁論準備手続の開始

　真新しい帽子をかぶり，小さな体に不似合いなランドセルを背負った子供が通学していくのを見て，由佳もあと1年で小学校にあがるはずだったのにと思いながら，緑川は，裁判所への道を急いだ。草津からは「都合が悪ければ来なくてよい」と言われていたが，行かないと，裁判のことが気になって，一日中仕事が手につかないのではないかと思い，出かけることにした。裁判所の玄関横にある受付で，自分の事件が前回とは別の部屋で開かれることを聞き，その部屋の前で待っていた。

　あと5分ほどで11時になろうとする時に，エレベーターのドアの開く音がして，草津と大曲がやってきた。草津に促されて緑川が入室した法廷は，この前の法廷とはずいぶん様子が違っていた。楕円形の大きなテーブルとその周りに椅子が8脚，また，テーブルから少し離れた壁際に椅子が4脚ほど並べられているだけで，一段高くなった法壇などはない。いわゆるラウンドテーブル法廷である。テーブルの一方に草津，大曲の両弁護士と緑川が着席した。今日も中之条医師は来ていない。もう一方の端に，前回とは違う男性が坐っている。胸に付けたバッチから弁護士であることがわかる。川棚弁護士であった。

　ほどなく裁判官たちが登場し，弁護士たちは，はじかれたように立ち上がって一礼した。テーブルの中央に座ったのは，岡田判事と若い加茂判事補だけであり，この2人で弁論準備手続が行われることになっていた。

　「今日は弁論の準備手続ですから，ざっくばらんに話し合って，できるだけ早く争点を確定するように」という岡田裁判長の発言が終わるのを待ちかねた

ように，大曲が，発言の許可を求め，話しはじめた。
　「被告は，今回，中之条医師がどのような処置を採るべきであったか，また，その処置を施しておれば由佳を死なせずにすんだかにつき，原告にその具体的な説明を求めてきました。しかし，これは明らかに不当であります。患者が自分の病院で死亡した，それもたった一夜で急死した以上，その死因が何であり，どのような処置を施しても避けることができなかったということを，自ら明らかにして遺族に了解を求めるべきであります。ことに本件のように，医師が何もしないうちに一晩で死亡してしまうというようなまったく意外な結果が生じた場合には，医師や医療機関が，なぜそうなったかを説明するのが当然であり，それが専門家の責任であります。それなのに，原告に具体的な主張を要求し，その主張がない限り，これ以上いうことはないというのは，患者を愚弄するものというほかありません。そもそも診療契約には，正しく診断し，最適の治療を施すという義務だけではなく，患者に情報を正しく伝える義務も当然に含まれていると思われます。原告緑川は，提訴前も病院を訪れ説明を求めましたが，曖昧な説明を受けただけでありました。被告側は，今になってもそのような不誠実な態度を押し通そうとしています」と，語気鋭く被告側の態度を非難した。
　今や眠気も覚めた川棚弁護士は，
　「診療契約というものは，病気を治すとか，死亡させないということを約束するものではなく，医師が，自己の診断に基づき適切と思う処置を講じることを約束するだけのものである。このことは，大曲先生もよくご存じだと思います。医師がどのような処置をとる義務があったかは契約の内容の問題ですから，義務違反を主張する原告のほうで，被告がどのような義務を負っていたかを明らかにすべきで，それを被告側に求めるのは，敵に塩を送ってくれとおっしゃっているようなものです。また，原告が，不法行為責任を主張されるのであれば，被告側が加害行為をなし，また過失があったということを明らかにしなければなりません。そして，そのためには，やはり医師がとるべきであった処置の内容と，その処置を行わなかったことを証明しなければならないはずです」と，反論した。緑川には，話が難しすぎてよく理解できなかったが，何という非常識なことを言う弁護士かという思いで，川棚を睨みつけていた。
　無表情でこのやりとりを聞いていた岡田判事は，

「法律的には，どちらが主張，立証しなければならないかという議論もありましょうが，それぞれが持っている情報を出し合って，死因が何であり，また，どのような処置が適切であり，さらには，そのような処置をなすことが可能であったかを明らかにしていただきたいと思います。早く事件の核心に迫るために，被告側も被告側なりの判断を明らかにしていただけませんか」と，暗に被告側に情報の開示を促すような発言をした。

川棚は，ここで変に頑張って裁判所の心証を悪くするのは得策でないと思い直して，

「原告があのようにおっしゃるものですから，法律的には，こちらが出す必要はないはずだと申したまでで，裁判所がおっしゃることも，もっともですから，検討させていただきます」と引き下がった。川棚は，このように言ってしまってから，〈ちょっと独断にすぎたかなあ〉と思い，永田や羽賀がどう言うか多少心配になったが，検討すると言っただけで，必ず情報を開示するとまでは言っていないと，自分を納得させた。

被告側は，裁判所から次の準備書面をいつ提出できるかを問われ，その提出期限は，平成26年5月20日と決定され，また，第2回弁論準備手続期日は，平成26年6月12日（木）午後3時からと決められた。

14　専門委員関与の決定

被告側が準備書面を出すということで，この日の手続は終了するかに見えたが，

「ご相談をして，もう一つ決めたいことがあります」との岡田判事の発言で，椅子から立ち上がりかけた弁護士たちは，改めて座りなおした。それを見て，岡田は，

「本件では，かなり医学上の専門的な事項が問題となりそうです。そこで，裁判所としては，専門委員の関与をお願いしたいと思いますが，いかがですか」と言い，探るような目で双方の訴訟代理人を見た。

そのような提案があるかもしれないということは，両代理人とも，ある程度は予想していた。川棚は，

「被告側は，とくに異論ありません」と，すぐさま賛成したが，大曲の方は，「どのような方を候補としてお考えですか」と尋ねた。陵南総合病院や中之条医師と関係の深い人が選任されることを心配したからである。岡田は，大曲の心配は裁判所のほうでもよくわかっているということを暗に示すために，大曲のほうを向いて軽くうなずきながら，

「当裁判所にはこの分野の専門委員として，名古屋病院の犬山医師と中部医科大学の山科医師がいらっしゃいます。出身大学と経歴は今お渡しする紙に記載しています。今回問題となっている医師と，出身大学などで利害関係がないか，被告側で確認していただけますか。

進め方としては，専門委員から求説明事項に対する回答をＡ４用紙２枚程度にまとめた書面を提出していただいて，それをもとに，当日は専門委員から補足説明をしてもらいましょう。その後，各当事者や裁判所からの質疑応答を行うことにしたいと考えています。」と述べた。

数日後，中部医科大学教授山梨隆司を専門委員に任命したことが裁判所から両訴訟代理人に連絡された。

15 被告の見解

ゴールデン・ウィークも終わったある日，菊池法律事務所の応接室では，陵南総合病院の荒木小児科部長，中之条医師，羽賀事務長が，弁護士達と打ち合わせをしていた。話題の中心は，病院側の見解を示せという，第１回弁論準備手続での裁判長の指示にどう対応するかであった。原告側の手のうちが今一つ読み切れない段階で，概略的にではあっても，こちらの見解を示すことについては，それが後々，思わぬ不利をもたらしかねないとして，事務長はこれに反対した。しかし，最終的には事務長も，それが必ずしも得策でないという弁護士たちの意見を受け入れて，差し障りのない範囲で，病院側の見解を積極的に示すことに同意した。しかし，そうなると難しいのは，荒木や中之条ら担当の医師側である。定型的な症状を呈する場合は別として，はじめから確かな診断と見通しを持つケースは少なく，ある薬や治療方法を施してみて，その効果

を検証してから，次の対応を選択するのが医療の現場である。

しかし，とにかく荒木，中之条両医師の協力を得て作成されたのが，次の被告側の準備書面(2)である。

〔被告側の〕準備書面(2)〔要旨のみ〕

1　来院から死亡までの経緯
(1)　緑川由佳は，平成25年9月18日午後10時頃救急患者として被告病院に送り込まれてきた。当直医であった被告中之条猛は，直ちに由佳を病棟処置室に入れたが，由佳は，花巻医院から引き続きなされていた酸素吸入を嫌がり，また点滴注射を苦にして「家に帰る」とむずかった。酸素吸入をはずしてやると少しおとなしくなった。特にチアノーゼの増強もなかったので，中之条は，花巻医師の紹介状を見ながら診察した。

手指と唇に軽度のチアノーゼ，肩呼吸，肝腫大（三横指），前胸壁に手術痕が認められた。心音は奔馬的であったが，はっきりした雑音は聴取されなかった。持参のレントゲン写真では，肺紋理の増強，肺の一部気腫状，心陰影拡大が認められた。花巻医師は，「先ほどより少し状態がよい」と言った。

中之条は，緑川和子とともに由佳をなだめながら心電図をとった。心電図には，心室中隔欠損症の手術の結果と思われる完全右脚ブロックが認められた。

(2)　その後，緑川和子に問診したところ，おおむね次のように述べた。
①　由佳は，1歳半の頃，守口循環器医療センターで心室中隔欠損症の手術を受け，その後風邪にかかることが少なくなった。
②　上記手術前から風邪にかかるとゼイゼイ言い，喘息の気があると診断されたことがある。
③　平成25年9月17日夕刻，せき，腹痛があり，食欲低下し，夜半よりゼイゼイ言い，呼吸困難となり，次第に悪化し，翌18日夕刻，花巻医院で受診し，種々の治療を受けたのち，花巻医師の指示により入院のため被告病院に来院した。

(3)　由佳は，花巻医院で酸素吸入，点滴注射等の治療を受けており病状も小康状態であったので，慎重に経過をみることにし，由佳を病室に移した。9月19日午前0時15分排尿があり，アセトン検査をしたが陽性であった。同0時30分中之条が回診した時，肩呼吸はしていたが病状は落ち着いていた。

(4)　午前1時，3時，4時，5時に看護師深町美津子が巡視したが，症状に変化はなかった。中之条は，同看護師から午前4時の状態は入院時と変わらず落ち着いている旨の報告を受けた。午前6時，同看護師が巡視したところ由佳の病状の急変に

気づき，急報したので，中之条は，看護師深町，同高石恭子の協力を得て人工呼吸等を実施したが蘇生せず，午前7時10分死亡を確認した。

2　中之条医師の診療行為の妥当性
　中之条は，入手し得た資料に基づき，由佳の病因として気管支喘息と心不全とを疑った。ところが，この両者の治療方法はまったく逆の面が多い。また，花巻医院において両者に対する処置が施されており，由佳の症状も小康を保っていた。そこで，しばらく経過を観察したうえで治療にあたるのが最も妥当であると考え，慎重に経過を観察していたものであり，これをもって中之条の過失ということはできない。
　原告は中之条が由佳の症状を軽く見過ぎていたのではないかというが，個人医院では手に負えないとして転送されてきた患者を軽症と診断するようなことは，よほど特別な事情がない限り，あり得ないことであり，中之条が，由佳の症状をかなり重篤なものと診ていたことはもちろんである。このことは看護師深町にかなり頻繁な巡視と報告を指示していることからも明らかである。

3　由佳の死因
　被告病院は，由佳の死亡直後直ちにその解剖を母親である原告に申し入れたが，拒否され，解剖による死因の解明をなすことはできなかった。そのためもあって，その死因を正確に判定することは困難であるが，いずれにしても，心室中隔欠損症の手術という各種の遺残症，続発症，合併症を避けることができない治療を受けているにもかかわらず，由佳がゼイゼイ言い，呼吸困難になるまで医師に受診させず，そのために適時適切な治療を受ける機会を逸したことが決定的な原因であると考えられる。

　草津と大曲は，被告らの代理人から送られてきた被告側の準備書面(2)を丹念に読んでみた。しかし，死因がわからないのは原告が死後剖検を拒んだためであるとか，原告の怠慢による手遅れが原因だというような主張があるのみで，由佳の死因についてのまじめな説明を見出すことはできなかった。このままだと，こちら側に有利な情報を被告側から引き出そうという作戦が成功しそうにない。原告側としても，改めて事実を調査，研究して，詳細な準備書面を提出する必要を感じたが，とりあえず，気づいたところを準備書面(2)として提出することにした。

〔原告の〕準備書面(2)〔要旨のみ〕

1 中之条医師は，由佳を診察して，気管支喘息か心不全かのどちらかであると診断したとのことであるが，それでは，由佳の死因は，そのいずれであったのか，それとも，それ以外の原因によるものであったのか，この肝心な点が明らかでない。由佳の死因が何であったのかについての説明を再度，被告らに求めたい。なお，被告らは，緑川が死後剖検を拒んだため死因の解明ができなかったと主張するが，本件の場合，解剖をすれば，その死因が解明できる場合であったのか。いったい，被告らは，解剖によってどのようなことを知ろうと考えたのかもあわせて説明されたい。

2 被告らは，準備書面(2)において，原告緑川が医者に診せるのが遅れたため，適時適切な治療を受ける機会を逸したことが決定的な原因であると主張するが，死因が明らかでないのに，病院に連れてきた時に手遅れであったというような判断はできない。

　また，手遅れであるという主張は，入院後の症状は比較的落ち着いていたという被告の主張と矛盾する。

3 中之条医師が必要適切な処置を何一つ行わなかったという原告の主張を，被告らの準備書面(2)は，大筋において認めるものであり，中之条医師の過失につき自白があったものと解すべきである。

【第3章 解説】

(1) 「口頭弁論」の必要と現実

訴訟では，当事者が対峙した場でそれぞれ自分の言い分を述べ合ってやりとりをするという方法がとられる。このような場を「口頭弁論」という。

口頭弁論はまた，当事者・関係人ばかりでなく，広く第三者にオープンにして，公正で透明なものでなければならない。口頭弁論期日の「公開」は，この要請に基づく。

なぜ，「その場に対峙」しての「口頭」によるやりとりが必要か。それは，言葉だけでなく，五感の作用をフルに活用して，直接顔を合わせてのリアリティーと即応性のある対話・議論が，紛争調整にあっては最も効果的であるとの，平凡で当たり前のことではあるが，経験から得られた人間社会の叡智の所産である。書面に書かれた言葉によるコミュニケーションは，整理され，後々で「ああ言った，こう言った」という紛議を残さないというメリットはあるが，上記の直接的な口頭によるコミュニケーションの効用には，遠く及ばないのである。何よりも，コミュニケーションにおける言葉が果たす役割は，法律家が考えているほどには大きくはなく，言葉以外の要素が果たす機能もそれらに劣らず重要である。

しかし，裁判の現実は，書かれた言葉としての書面の果たす比重のほうが圧倒的に大きい。もちろん，あらかじめ自分の言い分を書面にして提出しておいて，それをもとにして口頭による臨場感のある実質的なやりとりができれば，それに越したことはない。だが，未だ裁判の現実は，書かれた言葉が口頭による弁論にとって代わる，という実態であることは否めない。

(2) 裁判の公開（傍聴）の意味

口頭弁論は一般人も傍聴できる公開の法廷で行われる（憲法82条1項）。この原則は，国民がモニターすることにより，裁判の公正さを担保し，国民の司法への信頼を確保するという意味をもつとされる。しかし最近は，民事裁判では刑事ほど公開の要請が強くないとされ，特にプライバシーや営業秘密に関わる事件で手続を公開するとかえって当事者の裁判を受ける権利（憲法32条）を害することになるとして，公開原則を後退させる主張が強まっており，極めて限られた場合についてではあるが，非公開で審理することが認められるに至った（人事訴訟法22条，特許法105条の7など）。

さらによく考えると，公開とは，訴訟の当事者のみならず関係者や社会一般に手続を開くことにより，当事者がそれらと関わりを持ちながら紛争処理行動を展開することを可能とするという，紛争処理において欠かせない条件ではなかろうか。

本件に即して言えば，緑川，中之条，深町が，尋問する代理人に答えて裁判所に向かって陳述するだけでは，拡がりがない。3名が互いの尋問に同席したり（民訴規120条），緑川のオジや病院の事務長をはじめとする事件関係者，さらにはこれから同種の

事件について医療過誤訴訟を起こそうとしている者などが傍聴することにより，その場で互いに相手の様子を認識し，影響を与えあって，その後の訴訟内外の行動を考え，選択する材料，指針にしていくことができる。このように，公開には本来，「紛争ネットワーク活性化」という実践的な意味があることを，今改めて認識しなければならない。

(3) 「準備書面」は何のためにあるか

準備書面とは，当事者が口頭弁論において提出しようとする主張・証拠や相手方の陳述に対する応答を記載して裁判所へ提出する書面であり（民訴161条），裁判所や相手方に次回期日に行うべき弁論の内容を予告する機能をもつものである。いきなり口頭弁論をするときは，言いたいことを正確に言えなかったり，言い忘れたり，不要な繰り返しがなされたりといった不都合が生じうる。また，準備書面を交換することによって，争点が何かが明らかとなり，証拠の整理や準備もなされることになる。さらに，期日前に相手方の準備書面を受け取ることによって，それにどのように対応するべきかを準備して期日に臨むことによって，審理の促進が図られる。事件が比較的単純で，当事者が遠隔の地に移住しているなどの場合には，書面のみによって争点と証拠の整理をすることもできる（民訴175条～178条）。

口頭弁論の模様は，書記官の作成する口頭弁論調書に記載されることになっている（民訴160条）が，陳述の内容が複雑ないし難解であるときには，それを完全に調書化することは困難である。準備書面が提出されておれば，それを援用して調書を作ることができる。また，調書には，弁論の概要しか記載されていないので，期日が長期にわたって何回も開かれるような場合には，裁判官の記憶を喚起するのに準備書面が役立つし，さらに，裁判官の交替や上訴によって，直接，弁論を聴いていない裁判官が裁判をするようになった場合には，その裁判官に弁論の詳細を伝えるためにも，準備書面が必要である。

当事者は，準備書面を提出して口頭弁論を準備すべきであるが，これを提出せず，あるいは記載がない事実や証拠でも，口頭弁論期日において提出することができないわけではない。しかし，その期日に相手方が欠席しているときは，その期日では陳述できない（民訴161条3項）。もし陳述できるとすれば，相手方がその陳述があったことを知らないまま手続が終わってしまい，相手方が不意打ちを受けるおそれがあるからである（擬制自白となることがある。民訴159条）。

(4) 主張責任と事案の解明

本文の事件では，医師の診療ミスや過失にあたる事実を，どちらの当事者が具体的に主張すべきかが問題になっている。財産に関する訴訟では，裁判所は職権で事実を探知することは認められず，当事者が主張した事実に基づいて裁判すべきものとされている（弁論主義）。そのため，どちらの当事者も主張しない事実は，かりに証人の証言等から，

その事実が存在すると判断される場合でも，裁判所はその事実を基礎として判決をなすことはできない。そこで主張がないためにその特定の事実を基礎とする判決を受けることができないという不利益を受けることになる当事者に，その事実についての「主張責任」があることになる。

本件において，損害賠償請求権が認められるためには，診療ミスないし過失があったことが必要であるという解釈をとるときは，診療ミスや過失という事実につき原告側に主張責任があるということになる。これに対して，診療契約が締結されており，患者が急死するというような事情があったときは，一応，被告側に責任があるとされ，損害賠償責任がないというためには，診療ミスや過失がなかったという事実のあることが必要であるという解釈に立てば（これを一応の推定という），被告側にミスや過失がなかったという事実についての主張責任があるということになる。

もっとも，現実の訴訟では，主張責任の有無にかかわらず，当事者は自分のほうに有利になると思われる種々の事実を主張するのが通常であり，診療ミスや医師の過失について，両当事者が何も主張しないということはないし，もし，そのような場合があれば，裁判所のほうでも釈明することになる（民訴149条）。主張責任は，審理が終わった段階（結審の時）で，いずれの当事者もその事実を主張していない場合の話であり，それ以前にあっては，いずれの当事者が，事案の解明につきどのような協力をすべきかということが問題となる。

(5) 手続の選択

弁論準備手続は当事者の意見を聴いて裁判所が選択する（民訴168条）。当事者が反対しても弁論準備手続を入れることができる。しかし，当事者双方が反対しているときは，いったん弁論準備手続期日を入れても，双方から取消しの申立てがあれば，裁判所は弁論準備手続に付する裁判を取り消さなければならないので（民訴172条但書），結局，弁論準備手続は回避されることになる。

なお，現行民事訴訟法は争点を早期に確定して，その争点に向けて集中的に証拠調べを行うという集中審理主義をとっているが，そのための準備的な手続としては，弁論準備手続のほか，準備的口頭弁論（民訴164条），書面による準備手続（民訴175条）もあり，これらに電話会議システムを併用することもある（民訴170条3項・176条3項参照）。それぞれに利用目的と利用価値があるが，一番多く利用されているのは，弁論準備手続である。電話会議システムについては，第6章の解説(2)を参照のこと。

(6) 弁論準備手続と傍聴

裁判は公開で行われるのが原則である（憲法82条）。公開というのは，誰でも傍聴できるということを意味する（一般公開）。

ところが，弁論準備手続は，本来の口頭弁論ではなく，その準備にとどまるという建

前から，また，使われる部屋が法廷の構造になっていない（傍聴席が設けられていない場合もある）という現実の制約もあって，原則非公開，つまり傍聴は認めないこととされている。ただ，裁判所が相当であると認める者および当事者が申し出た者の傍聴は許されるのが原則である（民訴169条2項）。

裁判が公開されるかどうかは，その国の社会の透明度や公正さを測るバロメーターでもある。法律の専門家の行動や関わりを国民がモニターするという意味があることに加えて，当事者と事件関係者との間の紛争処理行動のパイプを太くし，関係者のネットワークを活性化するという機能をもつ。この点からみて，形式は口頭弁論そのものではないとはいえ，実質的には民事裁判手続の中核ともいうべき弁論準備手続の傍聴が，裁判所の許可にかかっているという現行法の建前は，本質的に問題を抱えていると言える。

(7) 専門委員制度

専門委員とは，医療，建築，金融などの法律以外の専門知識を要する訴訟において，裁判所の補助者として手続に関与するために選任される専門家（医師，建築士，会計士など）である。訴訟に関与する専門家として従来から鑑定人があるが，これは事件の争点が明確になり，その判断に高度な専門知識を要する場合に，証拠調べの最終段階で関与するものである。それ以前の争点の整理の段階では，事件を調停に移して専門家調停委員を関与させたり，当事者が専門家を連れてきて説明会を行うなどの方法でまかなっていたが，手続の透明性や中立性に疑問がもたれていた。そこで平成15（2003）年の民事訴訟法の改正では，争点および証拠の整理という早期の段階から，証拠調べや和解に至るまで，専門家の関与を可能とする専門委員の制度が創設された（民訴92条の2以下）。

専門委員は非常勤であり，その員数は各事件につき1名以上である（民訴92条の5）。ふたつの専門分野に関わる場合など，一つの事件で複数の専門委員が選任されることもある。具体的には，各裁判所が事前に近隣の大学病院などに依頼し，専門領域ごとに非常勤の専門委員になる者を募って名簿を作成しておき，その中から指定するといった方法で選任されている。

第4章　争点の整理

16　専門委員を交えての弁論準備手続
17　審 理 計 画
18　当事者照会とその回答
19　花巻医師への証言要請
20　争点整理に向けた提出書面の作成
21　争点の整理

16　専門委員を交えての弁論準備手続

　別の事件の証人尋問を終えて判事室に戻り，黒い法服を脱いでいる岡田判事のところへ，安宅書記官がやってきて，今しがた草津弁護士から，緑川のオジを同道するので，傍聴を認めてほしいという申入れがあった旨を伝えた。開廷の時間がきたので，岡田判事と加茂判事補は連れ立って，ラウンドテーブル法廷へと急いだ。専門委員の山梨も裁判官に続いて入室した。
　法廷には，草津・大曲の両弁護士と緑川が並んで座り，菊池弁護士もすでに着席していた。第1回目と違うのは，テーブルのうしろの椅子に2人の男性が座っていることであった。年かさのほうが緑川のオジであり，もう一方が陵南総合病院の事務長である。
　岡田判事は，手続の冒頭で，原告の代理人から原告のオジである桜田建三を傍聴させてほしいとの要望があることを紹介し，菊池に意見を求めた。弁論準備手続では，裁判所が相当と認める者については傍聴を許すことができ，特に当事者が申し出た者については，手続を行うのに支障を生ずるおそれがあるときを除き，その傍聴を許さなければならないことになっている。菊池は，
　「原告のオジさんということであれば，特に異論はありません。なお，中之条医師は，危篤状態にある患者があって今日もどうしても出席できません。その代わりというわけではありませんが，陵南総合病院の事務長を同行してきておりますので，傍聴を認めていただければと思います」と述べた。岡田判事は，
　「では，お2人とも傍聴を認めることにしますが，発言はお控え下さい」と，あらかじめ注意を与えることを怠らなかった。
　ついで，被告らの準備書面(2)と，原告の準備書面(2)とが陳述され，原告側から，甲B第6号証（医学書の写し），甲B第7号証（城山製薬株式会社作成のセジランドの使用書）が，また，被告側から，乙B第1号証（小児科学会誌「小児心臓手術の余後」），乙A第2号証の1（指示表），乙A第2号証の2（看護予診録），乙A第2号証の3（病状経過表）が書証として提出された。
　岡田判事は，「それでは，まず書証の認否をすませておきましょうか」と言い，菊池のほうを向いて「甲A第1号証から甲B第7号証まではどうです

か」と尋ねた。菊池は，「甲Ｃ第3号証（葬儀社の領収書），甲Ｃ第4号証（草津の弁護士費用の領収書），甲Ｃ第5号証（大曲の弁護士費用の領収書）は『不知』，その他は認めます」と言い，同じような質問に対して，草津のほうは，乙Ｂ第1号証を認め，乙Ａ第2号証の1～3を不知と述べた。書記官の安宅は，その場でノートパソコン（進行メモ）に認否の結果を書き込んだ。緑川は，自分が提出した白水葬儀社の領収証の内容が争われているものと勘違いして，傍にいる草津に「中身は間違いなくこの額です」と小声で伝えたが，草津も裁判官も平然としている。書証の「認否」というのは，その文書が作成者とされている人によって作られたかどうかであって，書かれている内容の真否とは関係がない。また訴訟では，その文書を誰が作成したかについて特に疑いがなくても一応争っておくということがよく行われる。

　裁判所では，すでに送られてきている原告の準備書面(2)と被告の準備書面(2)を読んだうえで，書記官をも交えて弁論準備手続期日の打ち合わせが行われ，当日のために「進行メモ」が補充された。岡田判事は，そのメモを見ながら，
　「それでは，本件の争点を整理していきましょう。由佳さんが，被告の病院に入院してからお亡くなりになるまでの経過については，大筋では主張の一致がありますが，中之条医師が回診のときにどれくらい病室に居たかとか，午前4時と5時の巡視のときに深町看護師が何をしたかなど，細々した点については争いがありますが，何といっても本件で重要なのは，中之条医師が，どのように診断していたか，具体的には，心不全を疑っていたか，どの程度それを疑っていたかということと，どのように診断すべきであり，どのような処置を施すべきであったか，そして現実にそのような措置が採られたかという点にあるかと思います。このこととの関係で由佳さんの死因が何であったかということも問題になるでしょう。もちろん，これらの点について，すでにいろいろ主張がなされておりますが，まだ煮詰まっていないように思います。そこで，それぞれの主張を早急に明らかにしていただきたいと思います」と言い，拒否を許さないというような顔つきで弁護士たちを見た。

　菊池は，「中之条先生がどのように診断され，また，どのような措置を採られたかは，すでに述べたつもりでありますし，あの場合，あのような措置以上のことは期待すべきでないということも申し上げましたが，もし原告側からの

具体的な主張があれば，それについて反論していきたいと思います」と，暗に原告側に具体的な主張をして争点の明確化を要求するような発言をした。

　岡田判事は，気管支喘息とうっ血性心不全の症状の特徴とその治療方法について，関係者全員が正しく理解し，認識を共通にしておくことが重要であると思ったので，この点について，山梨教授に説明してもらうことにした。山梨には，あらかじめその準備をしておくことが求められていた。

　電灯が消され，オーバーヘッド・プロジェクターを用いた説明があり，その後，ビデオで小児の気管支喘息とうっ血性心不全の実例を映し出しながら，解説がなされた。山梨の説明は，気管支喘息とうっ血性心不全の症状はよく似ていること，両者のいずれであるかを診断しにくい場合に採るべき，さしあたりの措置などについても話が及んだ。引き続き，活発な質問がなされ，それについてのやりとりが行われた。

　しかし，関係者の関心は，どうしても具体的な本件に向かいがちであった。大曲から，中之条医師がどのように診断すべきであったか，またどのような措置をなすべきであったかという問いが発せられた。訴状，準備書面，病状経過表，診療録などの訴訟記録を読んで，自分ならどのように措置しただろうかと自問自答していた山梨は，

　「そうですね……」と大曲の質問につい答えそうになったが，すかさず岡田判事が，

　「そこまではお答えいただかなくても結構です。必要であれば，鑑定を申請してもらいますから」と引き取った。

　かくして，具体的な診療の当否については何も聞き出すことはできなかったものの，約1時間余に及んだこの日の期日は，参加者にそれなりの満足感を与えた。

17　審理計画

　以上で第2回弁論準備期日は終わるかにみえたが，そうではなかった。岡田判事は，

　「この事件は複雑な事件のようですから，どのように審理をしていくかをあ

らかじめご相談しておきたいと思います」と言い，さらに語をついで，「裁判所としては，今日の第2回目を含めて，5回ぐらいで，争点と証拠の整理を済ませ，その後，口頭弁論に戻して，人証調べを行ったうえで，弁論を終結し，それから2ヶ月以内に判決を言い渡せればと考えています。弁論と証拠の整理にあと4ヶ月，証拠調べは，何人を尋問しなければならないかが未定ですが，常識的に考えて，人証を4人ぐらいと仮定して，1回に2人ずつ調べるとすれば，それに4ヶ月ぐらいかかるでしょう。鑑定の申出があると，さらに2〜3ヶ月ぐらいを要するかと思います。もちろん，この計画は一応の予定ですから，今後多少は変更する必要があるかも知れませんが」と述べた。

　草津は，病院から徐々に事情を聞き出して対応していこうと考えていたので，「本件は，売買契約関係の事件などと違い，事前に正確な審理計画を立てることは困難だと思います。しかし，今おっしゃられたのは，一応の予定で，状況によっては変更があるということですので，そのようなものとして理解させていただきます」と述べた。

13　当事者照会とその回答

　草津と大曲は，誰を証人として申請するかの検討に入った。緑川と中之条の当事者尋問のほかに，担当看護師の深町美津子と花巻医師の証人尋問は必要と考えたが，事件後の噂では，深町看護師は中之条医師との好ましくない交際関係が明らかになって，陵南総合病院を首になったということであり，事実，病院を退職し，住所もわからない。証人尋問を申し出るためには，証人の住所がわからないといけないので，それとなく調査をしたが判明しない。そこで，深町美津子の住所や退職の理由について被告病院に次のような「当事者照会」をすることにした。これに対して，陵南総合病院から後掲のような「回答書」が送られてきた。

当事者照会書

平成 26 年 7 月 14 日

原告　　緑川　和子
被告　　医療法人　陵南総合病院
被告　　中之条　猛

　上記当事者間の名古屋地方裁判所平成 26 年(ワ)第 235 号損害賠償請求事件について，原告は，民事訴訟法第 163 条に基づき，下記の事項につき照会する。民事訴訟法 2 条の精神に従い，誠実に回答されたい。

〒460-0005　名古屋市中区東新町 2 丁目 8 の 4 東新ビル 504 号
原告訴訟代理人　弁護士　　草津　三郎
（TEL 052-324-9765）
（FAX 052-324-9768）

被告訴訟代理人　弁護士　　菊池　一男　殿

記

1　照会事項
　(1)　訴外亡緑川由佳が被告陵南総合病院に入院していたときに，同人の担当看護師であった深町美津子が，現在も同病院に在職しているか否か
　(2)　もし，退職しているとすれば，その退職の理由は何か
　(3)　深町美津子の現住所ないし居所はどこか
　(4)　現住所ないし居所が分からない場合には，それを知っていると思われる者の氏名と住所および深町美津子の本籍
　(5)　平成 25 年 9 月 19 日午前零時から午後 6 時までに，中之条医師と深町との間にどのようなやりとりがあったか。

2　照会の必要性
　深町美津子は，緑川由佳が死亡するまでの担当看護師であり，被告病院での看護に際して知り得た諸事項につき同人に聴取し，その結果によっては，同人の証人尋問を申請する必要がある。
　照会事項 1 および 2 は，深町を証人として尋問する際に，同人と被告らとの現在の関係を知っておくためのものである。
　照会事項 3 と 4 は，深町の所在をつかむためのものである。
　照会事項 5 は，被告側の過失についての原告の主張の準備のために必要なもので

ある。
3　回答期限
　平成26年7月28日までに回答されたい。

以　上

回　答　書

平成26年7月24日
　　　　　原告　　　緑川　和子
　　　　　被告　　　医療法人　陵南総合病院
　　　　　被告　　　中之条　猛

　上記当事者間の名古屋地方裁判所平成26年(ワ)第235号損害賠償請求事件についての平成26年7月14日付の当事者照会について，下記のとおり回答する。

　　　〒460-0002　名古屋市中区香林町2丁目8の1　香林ビル310号
　　　　　　　被告訴訟代理人　弁護士　　菊池　一男
　　　　　　　　　　同　　　　　　　　　川棚　大樹
原告訴訟代理人　弁護士　　草津　三郎　殿

記

1　照会事項1および2に対する回答
　深町美津子は，平成26年3月31日，被告陵南総合病院を依願退職した。退職希望理由は一身上の都合である。
2　照会事由3および4に対する回答
　深町美津子の現在の住所ないし居所については不知。在職中に被告病院へ届け出られていた住所は，〒453-0068　名古屋市中村区菊水町3丁目8の5である。また，本籍は，〒503-2202　岐阜県大垣市青木町1丁目46である。
　なお，被告病院において深町と同僚であった看護師達に尋ねたが，退職後の深町の動向を知る者はいなかった。
3　照会事項5について
　この照会事項は，被告中之条本人および深町の尋問で明らかにされれば足り，回答の必要はない。

以　上

草津は，菊池からの回答によって深町の本籍がわかったので，日本弁護士連合会を通じて深町の戸籍の付票（住民票の住所が記載されている）の謄本を取り，彼女の現住所を知ることができた。早速，深町に電話をして，そちらへ出向くから，一度会って話を聞かせて欲しいと申し入れたが，「もう，あの病院でのことは思い出したくもないから，来ないで下さい」と断られてしまった。「せめて電話ででも話して欲しい」という草津の希望も「聞きたいことがあるのなら，中之条先生に聞かれたらいいでしょう。自分は何も話す気にならない」とすげなく拒絶された。

　なお，照会事項5の回答拒絶は，草津としても予期していたところである。

⑲　花巻医師への証言要請

　由佳を診察したのは，花巻医師と中之条医師だけである。草津は，花巻からもっと詳しく話を聴き，こちらに有利な情報が得られれば，証人台に立ってもらいたい，という希望を抱いて，再度，花巻医師を尋ねることにした。電話をかけ，折り入ってお願いがあるのでお目に掛りたい，と申し入れた。花巻の反応はどことなく鈍かったが，面会の約束だけは取り付けた。約束の時間に，草津は，緑川とともに花巻医院を訪れた。通された応接室で，草津は，事件のその後の経過を簡単に報告し，そのうえで，花巻の診断や措置について説明を求めた。控えめな表現ではあるが，気管支喘息に対する処置を講じたが改善する様子がなかったので，うっ血性心不全を疑うようになったという話がなされた。

　被告側の説明とはいろいろ異なる点があるので，証人になって欲しいと懇請したが，花巻は，すでに訪問の趣旨を予期していたようで，即座に，

　「お母さんが二度来られ，全部お話しましたし，いつだったか，あなたにも，今言ったのと同じようなことをお話しましたので，裁判所に出て行くことは，何とかご勘弁いただきたい。わたくしは，お子さんの症状の推移を診て，これは入院施設のある病院に移したほうがよいと判断して，その処置を採っただけでして，詳しい病状はわからないというのが本当のところですし，ましてや転院先の診断や処置がどうであったかについてコメントできる立場にはありませんので」と，断りを入れた。

草津は,「今お願いしているのは,陵南総合病院の処置がどうであったかについて先生のお考えを伺いたいということではなく,由佳さんが先生のところでどういう状態であったのか,どういう処置をお採りになって陵南総合病院に転送されたのかについて,事実だけを証言していただきたいということです。緑川さんには確かにすでにお話しいただいておりますが,法廷では,先生が緑川さんにお話し下さった内容を緑川さんの口で述べるのと,先生ご自身にご証言いただくこととでは,その意味がかなり違うのです。お忙しいところ恐縮ですが,なんとかご無理をお願いできないでしょうか」と,改めて懇請した。
　しかし,花巻の意思は固かった。
　「私のところは,クリニックですが,月曜から土曜日まで,午前と午後フル回転でやっておりまして,半日でも休むことはできません。日曜に裁判所が法廷を開いてくれるのであれば別ですが」
　「それは,よくわかります」
　「実は,昔,近所で女性の方が交通事故にあいまして,わたくしのところに運び込まれたのです。わたくしのところは,内科,小児科が専門で外科はやっていないのですが,ひどい出血でとにかく応急の処置だけはしたのです。その後,示談がうまくいかなかったのか,その女性と加害者との間で裁判になりまして,ある日突然裁判所からわたくし宛に1通の証人としての呼出状がきまして,何月何日の何時に名古屋地裁に出てこいというわけです。わたくしは,その日は午後医師会の連絡会がありまして,都合が悪かったのですが,とにかくメンバーの方々に欠席の連絡をして裁判所に行きました。すると,予定の時間よりも1時間近くも待たされたうえに,証人席に呼ばれまして,やれ嘘をつくと処罰されるとか,宣誓をせよとか言われまして,まるでわたくしが何か悪いことでもしたような扱いなのですね。そのうえ,わたくしを証人として呼ぶように言ったのは被告の加害者側であったようですが,その被告の尋問がまた,わたくしがいかにも大げさな診断と処置をしたのではないかという疑いが先に立ったような訊き方で,あげくのはては,内科の町医者に外科の専門のことがわかるのかというようなことをいうのですね。こちらは好意で応急手当てをしてあげただけなのに,こちらの都合も聞かずに呼び出しておいて,裁判所というところはなんと勝手な,人をバカにしたところかとほとほと嫌気がさしまし

た。このことがあって以来，あそこは普通の人が行くところでない，自分が訴えられればしかたがないですが，それ以外ではもう絶対に行きたくないと思います。緑川さんのご事情はよくわかりますが，証人台に立つのだけはご免こうむりたいと思います」

　草津と緑川は，あきらめて立ち上がりかけたが，花巻はここでなら尋ねられることについて話す用意があるということであったので，草津は，メモを取りながら，花巻のもとでの由佳の病状，採られた処置や投薬の内容，陵南総合病院に由佳を転送した際に，花巻から中之条へなされた申し送りの内容などを尋ね，いろいろ有益な情報を得た。

　緑川は，これまで自分が体験した法廷の雰囲気から，花巻の気持ちがわからないでもなかったので，証言の拒絶を素直に受け入れることができた。緑川は，はじめは医者同士の仲間意識や気がねから証言を拒んでいるのかと思ったが，そうではないということがわかって，少しはほっとした。草津のほうには，〈裁判所は普通の人の行くところではない〉という花巻の言葉がいつまでも耳に残っていた。裁判所を活動の場としている者には，なんとも後味の悪い，しかし，考えさせられる言葉であった。

　深々と頭を下げて礼を述べての帰り道，草津は緑川に言った。
　「法律上は，花巻さんが嫌がろうが嫌がるまいが，証人として必要であれば，裁判所に申請して呼び出しをかけて証言をしてもらうことができるのですが，今回はそこまですることはやめておきましょう。幸い花巻先生からいろいろ話を聞くことができましたので，わたくしが，そのことを書いて代理人弁護士の『報告書』として裁判所に提出することにします」

⑳　争点整理に向けた提出書面の作成

　第3回弁論準備手続で，争点の整理を一応終了することが予定されていたので，双方の訴訟代理人は，裁判所に事前に提出しておく準備書面の作成に精力を傾注していた。

花巻医師のもとから事務所に帰ると，草津は，早速「報告書」の作成に執りかかり，次のような趣旨に力点を置いた報告書を書き上げた。
　「花巻医師は，当初，肺に気管支の狭窄音，乾性のラ音，軽度のチアノーゼが認められたので，喘息の発作ではないかと考え，酸素吸入と，気管支拡張剤（サルタノール）の吸入を行って様子をみたが，2，3時間経っても顕著な改善をみなかった。患児には心臓の手術の既往症あり，肝臓が腫れていたので，うっ血性心不全を疑い，強心配糖体（セジラニド）の点滴をした。その点滴を続けながら陵南総合病院に着いたが，その頃には，少し容態がよくなったように感じたので，中之条医師にその旨を告げた。」
　また，草津は，緑川に電話で，由佳の心臓手術とその後の状況，今回の発病から死亡に至る経緯，由佳死亡後の心境，生活状況などを詳しく書いてくるように指示した。数日後，緑川は，便箋30枚にびっしり書かれた陳述書の原案を持って，草津の事務所にやってきて，草津から修正すべき点について事細かに指導を受け，やっとのことで裁判所に提出する「陳述書」を書き上げた。
　さらに，草津には，原告側からみた本件争点を明らかにするための準備書面を作成する作業が残っていた。そこで，その週の土曜日に事務所に出てきて，大曲と相談しながら書き上げたのが次の準備書面(3)である。

〔原告側の〕準備書面(3)〔要旨のみ〕

　第1に，被告らは，中之条医師が由佳の病因として気管支喘息と心不全とを疑ったと主張するが，中之条は，由佳の心臓手術のことにつき原告に何ら問診もせず，花巻医師に対しても同医師のなした心不全に対する処置につき特に質問することもなかった。また，心不全に対する措置，手当てはほとんど採られていない。これらの点からみて，中之条が心不全を疑っていたとはとうてい思えない。
　第2に，かりに中之条が気管支喘息と心不全を疑っていたとしても，その診断の手続と根拠には疑問がある。中之条は，原告が問診に応じて由佳に喘息の既往症があったと述べたというが，そのようなことを言ったことはまったくない。また，花巻医院において気管支喘息に対する処置がなされても一向に快方に向かわなかったが，心不全に対する処置が採られてからは症状がややよくなったという事実があり，花巻医師からもその旨が明確に伝達されたのに，気管支喘息がよくなったものと誤

解している。由佳の死因は，うっ血性心不全が徐々に進行，悪化して心機能を停止させるに至ったものであり，入院時にすでにその重篤な状態にあったとみるのが相当である。当初からうっ血性心不全と診断すべきであった。

　第3に，もし中之条が，真剣に心不全を疑っていたのであれば，それに対する措置を直ちに講じるべきであったが，それがまったくなされていない。具体的に言えば，①まず，厳重な監視体制をしくべきであった。しかるに，中之条は1回しか回診せず，それも数分間患者の傍にいたきりであり，看護師にも特別な指示を与えていない。②酸素吸入ができないほどに由佳が暴れていたわけでもないのに酸素吸入を中止し，そのような中止をしても大丈夫か否かを調べる血液ガス検査も行っていない。③尿量と摂取水量を測定し，心臓の負担を軽減するために，必要に応じて摂取水量を制限し，あるいは利尿剤を使用すべきであるのに，これらの点についても何らの配慮もしていない。④さらに問題なのは，セジラニドを続用しなかった点である。セジラニドの使用書（甲B第7号証）によれば，患者の体重1kgあたりに対し，0.02～0.04 mgの量を，1日3～4回に分けて投与することになっている。そして花巻医院では，0.15 mgが9月18日午後8時半頃から点滴されはじめ，遅くとも午後11時頃には終了した。この0.15 mgという量は，由佳に対する初回の使用量としては少な目であり，引き続き同剤を続用すべきであったのに，被告中之条はその使用を中止し，よって由佳を死に至らせた。

　原告側の準備書面(3)の送付を受けて，被告側が書いた準備書面(3)は概略次のようなものであった。

〔被告側の〕準備書面(3)〔要旨のみ〕

　第1に，原告は，中之条医師が由佳の病因として心不全を疑っていなかったのではないかと主張するようであるが，そのような原告の主張こそ根拠のない独断である。心不全の疑いを持っていたことは，9月18日付病状経過表（乙A第2号証の3）にも記載されており，肝腫大など心不全を疑わせる症状をも確認している。原告は，原告に対する問診や花巻医師への質問がなかったことをその根拠とするようであるが，中之条医師の問診や花巻医師との対応がかりに原告の主張どおりであったとしても，そのことから，中之条医師が心不全の点についてまったくこれを看過していたということを推論しようとするのは常識に反する。

　第2に，原告は，由佳に喘息の既往症があったなどとは言っていないのに，気管支喘息を疑ったのは不当であると主張するごとくであるが，原告が言わないのに医師が勝手に既往症があったと考えることはあり得ない。また既往症の有無にかかわ

らず，由佳の当時の症状は気管支喘息を疑わせるものであり，問診に対する答えを唯一の根拠とした診断でないことは言うまでもない。さらに原告は，花巻医院での気管支喘息に対する処置によっては快方に向かわなかったが，心不全に対する処置を受けたのちは，やや容態がよくなったので，うっ血性心不全と診断すべきであったと主張するようであるが，本件の場合，よくなったといっても，それほど顕著なものではなく，また患者の症状からみて，気管支喘息の疑いがなくなったと判断できる状態ではなかった。

　第3に，原告は，由佳がたいして嫌がったわけでもないのに，中之条が酸素吸入を中止したかのように主張するが，酸素吸入を行うこと自体は益することがあっても，害になることはないのであるから，由佳が嫌がらないのに，吸入を中止することはあり得ない。本件の場合，酸素吸入より患者の安静のほうが重要であるという判断がなされたからこそ，吸入を中止したのである。原告の主張は，酸素吸入の中止が死に結びついたということを当然の前提とするようであるが，かりに，ある程度低酸素症の状態にあったということを認めるにしても，それが酸素吸入によって防ぎ得たという証拠は何もない。原告は血液ガス検査がなされていないと主張するが，それをしないで酸素吸入を中止してはならないということもない。

　第4に，摂取水分の管理については，9月19日午前0時15分に50ccの排尿があり，その後第2回目の排尿があったし，さらに3回目は，失禁という形ではあるが，急変に気づいた時に看護師がこれを確認している。摂取水量については，花巻医院で施用中のソリタT_1の200ccが来院の午後11時に終了し，午後11時からソリタT_3を1時間に50ccずつ点滴し，さらに午前4時にソリタ水20ccを経口摂取させたが，患者の年齢，体重並びに心不全の条件下においても過分の水分の投与とは言えないものであり，その後は患者の状態をみて適宜指示を与えようとしていたものであり，水分補給のバランスを無視したものではない。原告は，利尿剤を使用すべきであったと主張するが，セジラニドにも利尿作用があるので，心不全の場合でもセジラニドの使用で効果が不十分であるときに限って，利尿剤の併用を考えるのが通常であり，前述したような排尿があった以上，利尿剤を使用しなかったことが死亡につながったとはとうてい考えられない。のみならず，気管支喘息の合併も疑われていたのであるから，利尿剤を直ちに使用しなかったのはますます妥当と言うべきである。

　第5に，セジラニドの初回の使用量が少な目であったことは認めるが，セジラニドの投与は必要最小限が望ましいのであり，特に由佳のように過去に心臓の手術を受け，右脚ブロックの認められる者に対してはできるだけ少なめに使用したいと考え，続用を見合わせていたものであり，原告の言うようにその使用を中止したわけではなく，経過を観察したうえで必要とあれば使用するつもりであった。したがって，この措置に何ら落度があるわけではない。

第6に，原告は，由佳の症状の重篤性に鑑み，もっと厳重な監視体制をしくべきであったと主張するが，被告病院の設備や当日の患者数からみて，あれ以上の監視体制をとることは不可能であった。
　第7に，すでに何度も主張したように，被告側にはまったく責任はないが，かりに百歩譲って何らかの責任があると仮定しても，原告が主張している損害額は，不当に高く適正を欠く。由佳は，当時4歳6ヶ月でありながら体重はわずか13キロという虚弱体質であり，これに心室中隔欠損症の心臓大手術を受けた病歴があることを考えあわせれば，とうてい平均余命まで生きられるとは考えられず，原告の損害額算定の基礎は根拠を欠く。また，原告の主張する慰謝料額は，由佳が亡き夫との間のひとり娘であることを考慮しても，類似の裁判例からみて過大に過ぎる。
　また，すでにかなり容態が悪化した段階で夜中に病院に運び込んだことや，由佳に付き添いながら原告が寝入ってしまい容態の急変に気づかなかったことなどからみて，原告側にも過失があり，4割の過失相殺がなされるべきである。

21　争点の整理

　第3回弁論準備手続は，平成26年9月9日に開かれた。今日で，争点の整理を終了することが予定されていたためであろうか，原告側の草津，大曲の両弁護士も，また被告側の菊池，川棚両弁護士も出席していた。まず，事前に裁判所と相手方に送られていた準備書面がそれぞれの弁護士によって陳述された。
　岡田判事は，これまでの両当事者の主張に基づいて安宅書記官が作成した「進行メモ」のコピーを見ながら，
　「本件の中心的な争点は，①中之条医師が，由佳さんの病因をどのように診断し，また，どのような処置を施したかということと，②そのような診断や処置に過失があり，それによって由佳さんが死亡するに至ったかということかと思いますが，そのように理解してよろしいか」と言い，双方の代理人に異論がなさそうなのを確かめたうえで，
　「中之条医師が，うっ血性心不全を疑っていたかどうかについては争いがありますが，実際にどのような処置が施されたかについては，大筋においてあまり争いがないようですね。したがって，問題は，そのような診断や処置をどのように評価すべきかですね。具体的には，もっと別の処置をしておれば，由佳

さんの死を防ぐことができたか，また，中之条医師が別のもっとより良い措置を採ることが可能であったか，それとも，そのようなことは期待できなかったかということですね」と続けた。大曲は，思案顔で立ち上がり，

「裁判長のおっしゃる通りですが，中之条医師の行為を評価するためには，まず最初に由佳さんの死因が何であったかが問題となります。我々としては，この点についての被告側の見解を聞きたいと思います」と発言した。これに対し，菊池が述べたことは，「それは，我々の方でも散々議論した点ですが，気管支喘息が主因で，これが心臓に負担をかけ，呼吸器障害を増幅させたことが死因ではないかと考えます。それでなければ，症状が信じられないほど激変したことから考えて，過去の心臓手術におけるパッチが何らかの原因で外れたのではないか，それ以外には，ちょっと原因が考えられない。いずれにしても，心不全が原因ではなく，ましてや中之条医師の処置の不十分さが原因でないことは確信している」ということであった。

岡田判事は，草津や大曲のほうを向いて，

「原告は，被告が酸素吸入を中止したこと，巡視の不足なども主張されていますが，争点を当面，花巻医師から中之条医師への引継ぎの点と，水分管理のあり方と，セジラニドの不使用の問題に絞りたいが，どうか」と問い，また，菊池・川棚に対しては，「由佳さんの稼動可能年数を争うのであれば，その根拠をもっと具体的に主張すべきであり，何年間しか働けないかも示して欲しい」と述べた。菊池らは，この点は，あえて争っても仕方がないと判断した。そこで，岡田判事は，最終的に争点を次のように整理した。

争点1 中之条が，由佳の病因をいかなるものと診断していたか。
争点2 中之条が，心不全を疑わず，それに対する措置を十分に講じなかったとすれば，それらが中之条の過失であると言えるか。
争点3 争点2と関連するものとして，花巻医師から中之条医師へ，どのような引き継ぎがなされたか。
争点4 中之条の診断や措置（不処置）によって由佳が死亡するに至ったか（因果関係）。由佳の死因は，うっ血性心不全であったか。それとも，気管支喘息の悪化，もしくは被告の主張するように心臓のパッ

> チがはずれたことによるか。
>   水分の管理を徹底し摂取水量を制限したり，セジラニドを続用したりしておれば，由佳の死亡を防止することができたか。
>
> **争点5** 陵南総合病院の診療態勢からみて，中之条医師の行動および同病院に過失があったと認めることができるか否か。

　宅安書記官は，岡田の指示を受けて，岡田のメモに基づき，これらの点を口頭弁論調書と進行メモに記載した。岡田は，改めて，上記争点をゆっくりと読み上げて確認したうえで，次回期日までに誰を証拠として調べたいか，人証の申出書を提出してほしい，と述べた。

　さらに，「鑑定はどうしますか。もし申請されるようであれば，早めにお出し下さい」と言ったが，双方の代理人はうなずいただけであった。

【第4章 解説】

(1) 専門委員制度の運用

　専門委員が関与できる手続段階は，鑑定人と異なり，争点整理，証拠調べ，和解であるところ，その関与に当たっては当事者に意見を聴くこととされている。さらに，証人や鑑定人などに専門委員が直接質問をすることを許したり，和解手続に関与させたりするには，当事者の同意を得なければならない（民訴92条の2第2項3項）。また，当事者にわからないところで専門委員が裁判所の判断形成に影響を与えることがないように，争点整理段階での専門委員の説明は書面または当事者の出席する期日において口頭でなされなければならない（同条1項）。

　医事関係の訴訟における専門委員の関与は，下の表の通り，争点整理段階に集中していることが特徴的である。そして専門委員の説明のあり方については，裁判所が当事者の弁論内容を理解するためのものであって，裁判官が個別の事件の事実認定に必要な専門的知見を調達するには証拠調べとしての鑑定を実施すべきであるとするのが立法者の立場である。一方，東京地裁などの医療専門部をはじめ実務では，せっかく専門委員に関与してもらっている以上は，一般的な知見だけではなく，事件に即した形での具体的説明を求める運用となっている。なお，下の表からは，専門委員の制度が立法当初予定した分野に限らず，広く運用されていることもわかり，興味深い。

第一審通常訴訟既済事件の種類及び専門委員の関与状況（全地方裁判所）

事件の種類	総数	専門委員の関与があったもの			
		総数	関与した手続		
			争点等の整理手続	証拠調べ	和解
総　数	141,006	560	527	117	162
建築請負代金等	1,495	104	103	20	36
建築瑕疵による損害賠償	422	70	67	15	20
医療行為による損害賠償	763	46	45	2	2
知的財産権に関する訴え	580	26	26	1	3
その他の訴え	137,746	314	286	79	101

（司法統計年報　民事・行政　平成26年度　表25）

(2) 計画審理

　医療過誤訴訟などの複雑な事件では，裁判所は当事者双方と協議して審理の計画を定めなければならない（民訴147条の3）。一般的に，裁判所と当事者は訴訟手続の計画

的な進行に努めなければならないが（民訴147条の2），審理が長期化するおそれのある難件についてはさらに具体的な審理計画を立てることとされている。そこで例えば，まず訴訟のはじめに，争点および証拠の整理期間を今後1年，証人および当事者尋問実施期間をその後4ヶ月，さらに鑑定の期間をその後3ヶ月，判決言渡しをその2ヶ月後というように，審理の終期までおおまかな見通しを定める。そしてその後の審理の進行により，さらに個別の攻撃防御方法の提出期間を定めたり，証人尋問の期間を変更したり，和解を勧める機会を考慮するなど（民訴147条の3第3項4項・156条），審理計画をより具体的に決めて書記官が調書に記載するといったことが考えられている。

　このように審理の計画に基づき提出期間が定められたのに，その期間経過後に提出された攻撃防御方法については，通常よりも厳しい制裁が予定されている。通常は，攻撃防御方法は訴訟の進行状況に応じた適切な時期に提出しなければならないものとされ（民訴156条），当事者が「故意又は重大な過失により」「時機に後れて」提出した攻撃防御方法は訴訟の完結を遅らせることになる場合には却下できるとされているが（民訴157条），実際には後者の規定が使われることはめったにない。けれども審理計画が定められている場合の攻撃防御方法については，「審理の計画に従った訴訟手続の進行に著しい支障を生ずるおそれがある」場合に却下でき，遅れて攻撃防御方法を出そうとする当事者が却下を免れるには，提出期間を守れなかった「相当の理由」を疎明することが要求されている（民訴157条の2。167条も比較参照）。

　平成15年の民訴法改正により明文化された計画審理は，単に審理の促進や審理期間の短縮だけでなく，当事者にとっての手続の可視性や充実性にも資するものであると大いに期待されたが，計画審理は必ずしも十分に活用されていないとの評価もあり，再検討を求める声もある。

(3) 当事者照会とそれに対する回答

　裁判所を介さない当事者間のやりとりが，なぜ民訴法（163条）に取り込まれ，それが民事訴訟の理論と運用の一部になるのか。裁判過程を裁判所と当事者とのタテの関係としてとらえ，裁判をもっぱら裁判官が判断を形成する権力の発現過程とみる立場では，この当事者照会は異質で例外的な制度としか位置づけられない。

　しかしながら，訴訟手続の場における主張や立証のやりとりも，裁判所を介してはいても，実は当事者相互間の水平の関係を軸としている。裁判所を介した求釈明，釈明処分，証拠保全，文書提出命令などと，裁判所を介在させない当事者間の照会との間には，本質的な差異はないのである。また，紛争の調整に向けた当事者の行動・はたらきかけは，裁判に持ち込まれた場合でも，裁判所内の手続のみで展開されるとは限らない。裁判所内手続との連動をにらみながら，裁判所外でもさまざまな行動・はたらきかけが行われるのが常である。したがって，裁判手続内の当事者間の関係を対等にしてかみ合った対論を実現するために，裁判所外での自律的なかかわりの制度，手段を用意すること

は，裁判所内手続と連動する裁判外手続を設けるものであって，当然に許されるばかりでなく，むしろ望ましいことと言える。

当事者照会の根拠が，一方が他方にはたらきかけて回答を引き出すという当事者間の通常のコミュニケーションの発現であるとすれば，一方が他方に回答を強制するという関係にはない。一方（A）から質問を受けた相手方（B）は，自己の判断と選択で応答すればよい。民事訴訟法は，無回答，不誠実回答に何の制裁も設けず，意見を求める照会，相手方が回答するために不相当な費用や時間を要する照会などはできないなどの大枠を定めるにとどめているのも，当事者間の自律的な関係づけのための一応の指標を設定したにすぎない。

ただ，相手方が回答することが当然に期待されるのに回答しなかったり，不十分な回答しかしなかった場合には，事柄によっては，訴訟手続上，相手方側に主張や立証の負担が課せられることがありうる。また，「求釈明」に移行することもある。それもまた，訴訟手続において当事者間の相互作用の公平を図るための方策である。

(4) 書証の認否

文書の証拠調べ，あるいは証拠調べの対象となる文書自体を書証という。書証は，その内容を調べる前提として，たしかに作成者とされる者の意思に基づいて作られた（偽造などでない）ということが明らかでなければならないから（これを文書の成立の真正という），書証を提出する側の当事者（挙証者）は，相手方が争えば，このことを証拠調べにおいて証明しなければならない（民訴228条1項）。そこで，裁判所は，はじめに相手方当事者に書証を示して，その成立について争うかどうかを聴き（書証の認否），その結果を書記官が書証目録（提出されたすべての書証につき，通し番号を振り，その標目と提出期日などをまとめた表。本文94頁・95頁参照）に記載する。相手方が特に文書の成立を争わない場合には認否の必要はないとされている。相手方が文書の成立を否認するときは，その理由を明らかにしなければならない（民訴規145条）。

本件でなされた「不知」という認否は，文書の成立に直接関係していないので，真正かどうか知らないという意味であるが，訴訟手続上は否認と同様に争っていることになり（民訴159条2項），しかも前述の否認の場合のように理由を言わなくてすむという意味で，一つの戦術と言える。

(5) 「証言」と「報告書」の違い

花巻医師が証人としてみずから「証言」する場合と，草津弁護士が花巻医師から聴き取って代理人弁護士の「報告書」（書証）として提出する場合とでは，「証拠」としては共通であっても，その性質と価値はずいぶんと違ってくる。

証言は，花巻医師が直接自分で語るものであるが，草津の「報告書」は，草津が花巻から聞いたことを草津の言葉で語る（報告する）ものであり，間接的であり，いわゆる

「伝聞」である。ただ，弁護士であるからあえて「虚偽の報告」はしないであろうという程度の期待と安心感があるにすぎない。

また，「報告書」は，書面であるから，相手方（原告）からの反対尋問にさらされることはない。人が語ることについて，質問や反論にさらされる機会が与えられないものを，事実認定のよりどころとすることは，公正な裁判手続では認めにくいことである。民事裁判では，刑事訴訟ほど証拠法則が厳格でないので，証拠として使えないとまではされてないが，証拠としての価値が弱いことは間違いない。

(6) 「争点整理」とは何か

弁論準備手続は，争点整理のためにあると言われるが，それでは，「争点整理」とはどのような営みであるのか。

一般に，口頭弁論の前段階としての準備のために，法的観点に照らして争いのポイントを具体的に明らかにする作業であるとイメージされるのが通常であるが，そのイメージは必ずしも核心をついていない。

まず，「争点」は，所与のものとしてはじめから存在しそれを「発見」するというものではなく，当事者間の主張や証拠の提出を通じて，また，裁判官のはたらきかけによって，訴訟手続の中で「作られる」ものであって，静止的なものではなく動態的で流動的なものである（現に，本件でも，争点は動いている）。

つぎに，弁論準備手続は，準備書面の提出を重ねて当事者間の主張がより深く具体的なところで展開していく場であり，証拠（書証）の提出と吟味も合わせて行われる。その実質は，口頭弁論そのものと大差はない。決して口頭弁論の前段階としての準備ではない。現に，弁論準備手続が終われば，あとは人証調べが残るだけであり，新たな主張や証拠の提出は原則としてできない（民訴167条・174条・178条参照）。

したがって，弁論準備としての争点整理の手続は，当事者間の主張の違いを浮き彫りにするという作業にとどまるものではなく，証拠調べ（人証は別）を含めて，当事者間の議論および裁判官の認識をより具体的に深めていく過程であり，そのための場である。

第5章　証拠（人証）の申出と証拠調べの策定

22　原告側からの人証の申出
23　被告ら側からの人証の申出
24　「報告書」の提出と人証申請についてのやりとり
25　証拠決定と尋問の手順
26　文書の提出拒否と文書提出命令の申立て
27　録音テープ反訳書の提出
28　結果陳述と和解の打診

22　原告側からの人証の申出

　草津と大曲は，打ち合わせの中で，緑川和子と中之条猛の本人尋問，陵南総合病院の院長または事務長，深町美津子看護師，緑川のオジの桜田建三，緑川由佳が心臓の手術を受けた時の守口循環器医療センターの山田和男医師，それに花巻秀夫医師の証人尋問について検討した。
　これらのうち，緑川和子本人と深町を人証に立てることについては，草津と大曲の意見は一致した。中之条については，草津は，こちらから人証申請をすべきであるという意見であったが，大曲は，被告側が，本人尋問の申請をすることがほぼ確実であると見込まれるから，こちらからする必要はないのでは，という考えであった。
　また，桜田建三と陵南総合病院の院長または事務長についても，草津は申請だけはしておいたほうがよいという意見であったが，大曲は前向きではなかった。大曲が消極的であるのは，それほど本件にとっては重要でないということに加えて，どうせ裁判所は採用しないであろうから，という理由による。草津は，提出する予定の録音テープ（後述）との関係で，桜田の証言が必要であると述べたが，大曲は，それは緑川の尋問で足りると言い切った。
　山田医師については，逆に大曲は積極的であったが，草津はあまり気乗りがしなかった。手術の前歴に踏み込むことは，本件の戦い方にとって賢明でないし，鑑定で十分であるというのが草津の考えである。
　花巻については，同人が本件にとって重要証人であるという認識は共通であったが，すでに述べたいきさつから，証人申請はせず，草津の「報告書」ですませることにした。
　2人の間の激しいやりとりの末，被告病院の院長または事務長を落とし，山田医師を申請に加えることで草津が折れ，中之条と桜田を申請することで大曲が折れた。
　大曲の「この事件の主任は，草津先生ですから」という言葉で，2人の間に少し気まずい雰囲気が漂った。しかし，大曲は，すかさずリカバリーした。
　「証拠申出書は，私のほうで作りますから。9月25日夕方までにファックス

平成26年(ワ)第235号　損害賠償請求事件
原　　告　緑川　和子
被　　告　医療法人陵南総合病院　他1名

平成26年9月29日

証 拠 申 出 書

名古屋地方裁判所民事第4部　御中

　　　　　　　　　　　原告訴訟代理人
　　　　　　　　　　　　　弁護士　草　津　三　郎　㊞
　　　　　　　　　　　　　同　　　大　曲　　　賢　㊞

1　人証の表示
　(1)　〒468-0052　愛知県守口市清水町2の7　守口循環器医療センター内
　　　証人　山　田　和　男
　　　　　　（呼出し　主尋問30分）
　・　立証趣旨
　　　緑川由佳の病因および死因が，心臓の術後の突発的トラブルであるとする被
　　告等の主張が根拠のないこと。

　・　尋問事項　　別紙のとおり

　(2)　〒448-0023　愛知県刈谷市西本町3丁目6の2
　　　原告本人　緑　川　和　子
　　　　　　（同行　主尋問90分）
　・　立証趣旨
　　　被告中之条猛が緑川由佳につき，入院当夜うっ血性心不全に対する措置をと
　　るべきであったにかかわらず，とらなかったことにつき過失があること。
　　　重篤な小児に対する対応として，被告等が行った診断と治療行為は，平均的
　　な医師がとるべき水準を満たしていないこと。

　・　尋問事項　　別紙のとおり
　　　　　　　　　　　　　　以下略

```
              尋問事項書

                    証人  山田  和男
  1  緑川由佳が手術に到った経緯
  2  行った手術はどのようなものであったか
  3  手術後の経過
  4  気管支喘息の病歴の有無
  5  術後，突発的トラブルが考えられるか
  6  その他，関連事項
                              以下略
```

します。尋問事項書も一緒に」

　草津「そう，悪いなあ。それじゃ，お言葉に甘えて，鑑定の申出書もお願いできる？」

　かくして，緑川和子，中之条猛の本人尋問，深町美津子，桜田建三，山田和男の証人尋問，それに鑑定の申請をすることが決まり，続いて尋問時間も打ち合わせられた。

　緑川には，草津から，結果だけが電話で知らされた。

　草津は，鑑定には約50万円くらいの費用がかかることをつけ加えることを忘れなかった。

23　被告ら側からの人証の申出

　被告らは，結果として，中之条の本人尋問だけを申請することになった。しかし，その結論に至るまでに，病院首脳と菊池ら代理人との間で，また，病院首脳と中之条との間でも，かなりの曲折があった。

　菊池らは，代理人弁護士の間の事前の話し合いで，こちらからも鑑定の申請をしておいたほうがよいとの結論に達していた。また，草津から報告書が出された花巻医師を証人として申請することで一致していた。しかし，この方針は，「そこまでする必要はない」との永田理事長と羽賀事務長の反対にあって，採

用されるに至らなかった。

　また，中之条は，守口循環器医療センターの山田和男医師と陵南総合病院の院長または羽賀事務長を証人として申請してもらいたいとの意見を述べたが，当の羽賀の強力な反対にあい，また，菊池らもあえて賛同しなかったので，この意見も通らなかった。

　結局，中之条だけを人証申請することになったのである。菊池らは，危いと感じていたが，永田と羽賀は，この訴訟で敗けるはずはないと自信満々であった。

24　「報告書」の提出と人証申請についてのやりとり

　次回弁論準備手続期日前に双方から証拠申出書が，また草津弁護士の「報告書」も，それぞれから裁判所にファックス送信され，互いの弁護士も相手方からファックス送信を受けていた。

　第4回弁論準備手続期日に，双方の弁護士から安宅書記官にクリーンコピーの「正本」が渡された。

　岡田は，訴訟記録を開き，安宅から渡されたクリーンコピーと対比しながら，双方の弁護士に確認した。

　「これは，すでにファックスいただいているものですね」草津と菊池は，うなずいた。

　「原告は，甲A第8号証（花巻医師からの聴取報告書）提出」と言ったあと，岡田は，草津に尋ねた。

　「先生のほうは，花巻医師の尋問はなさらないということですか」

　草津は，花巻を尋ねたときの状況を説明して，尋問に代えて草津の「報告書」によって花巻から中之条への引継ぎの状況とその時の由佳の病状を立証するよりほかないことを述べ，できれば，被告側から陵南総合病院への転送の際の紹介状とレントゲン写真を証拠として出してほしい，と述べた。

　「そうですか」と言ったあと，岡田は，今度は反対側に座っている菊池ら弁護団のほうに向かって言った。

　「本件では，事案解明のために花巻医師の証言が欲しいところですが，被告

側にも申請のご意向はないですか」
　菊池は，壁際に座っている羽賀のほうにチラッと視線を移して，おもむろに口を開いた。
　「私どもは，十分に検討のうえ，今回の証拠申請をしておりますので，花巻医師を申請する心づもりはございません。原告が申請なさらないのに，私どものほうで申請するというのもおかしいと思います」
　傍聴席の羽賀は，満足そうに大きくうなずいた。
　「転院の際の紹介状等の資料は，提出ずみでしたかね」
　被告側の川棚弁護士が，記録をめくり，安宅も書証の記録をめくった。
　「まだ，提出されておりません」しばらくして，大曲が言った。菊池は，ポーカーフェイスで反応がなかった。
　「ご提出いただけるかどうか，次回までにご検討，ご準備いただけませんか」
　菊池は，あいまいにうなずいた。

　「それでは，次に人証関係に移ります。双方から，申請をいただいておりますが，相手方からの申請に何かご意見はありませんか」
　岡田は，両方を見ながらも，菊池に向かって言った。菊池は，
　「原告申請の桜田建三，山田和男は，本件の争点からみて，必要ないと思います。それに緑川の主尋問90分は長すぎると思います」とすかさず反応した。
　草津は，証拠申出書の「立証の必要」と「尋問事項」のページをめくりながら，それに基づいて，証人としての必要性を述べた。山田証人については，大曲が補充して理由を述べた。
　菊池が反論しようとしたが，岡田が引き取った。
　「裁判所としても，すでに検討しておりますが，本日のやりとりを踏まえて，次回には誰を採用するか，裁判所の考えを示させていただきたいと思います」
　続いて岡田は，「原告本人の緑川さん，被告本人の中之条さんについては，陳述書の提出をお願いできませんか」と尋ねた。できれば，提出してほしいという顔であった。
　大曲はうなずいて，「ええ，すでに準備しております」と答えた。
　中之条の陳述書については，「被告本人尋問で対応したいと思いますし，専

門的なことを陳述書で書くというのは，難しいことですので……」と菊池。

「原告としては，反対尋問を効果的に行うためにも，ぜひ中之条医師の陳述書をお出しいただきたいのですが」と大曲。

「いえ，いまも申しましたように，そのつもりはありません」と菊池。

「まあ，無理にと強制できるものではありませんので，それでは，緑川さんの陳述書の提出は，次回期日までによろしくお願いします」と岡田は，とりまとめるほかなかった。

25　証拠決定と尋問の手順

平成26年11月11日に第5回弁論準備手続期日が開かれた。弁論準備手続としては，最後の期日である。

まず，緑川の陳述書（甲A第9号証）が提出されていることの確認からはじまった。緑川が，草津の指導を受けて書き上げた陳述書は，早くから草津の手元にあったが，草津は，それを事前にファックス送信せず，この期日に，原本，副本を持参して提出することにし，そのことを裁判所書記官に電話で伝えていた。

岡田は，副本が赤い判が押してある「原本」と相違がないかを簡単に確認した後，やや事務的に言った。

「さて，本人尋問，証人尋問について，裁判所が合議した結果を申し上げます。本人尋問としては，緑川さんと中之条さんを採用したいと思います。また，証人については，深町さんを調べることにして，他の方はあえて調べるまでの必要はないということになりました。守口循環器医療センターの山田医師については，もしどうしても必要であるということになった場合は，診療記録の送付嘱託をすれば十分かと思います。原告代理人それでご了承いただけませんか」

「裁判所のご検討の結果ですから，それに従います」草津は，岡田の口調からこの結論は変わらないと読んで，そのように答えた。菊池の満足げな表情と対照的に，大曲は，憮然とした表情を示した。

「ところで，尋問時間ですが，緑川さんは陳述書も出されましたので，主尋

問40分，中之条医師は主尋問60分，深町さんは，主尋問30分ということでいかがでしょうか」

一呼吸おいて，大曲が岡田に尋ねた。

「中之条医師の主尋問は，どちらですか」

「あっすみません。中之条医師は被告側，深町看護師は原告側ということでいかがですか」と岡田。

「そうすると，中之条医師の反対尋問は少なくとも主尋問と同じくらいの時間をいただかないと……」と言って，大曲は草津の顔を見た。草津もうなずいた。

「被告側は，緑川さん，深町さんの反対尋問にはどれくらいの時間を考えておられますか」

岡田の問いかけに，菊池は，少し戸惑いながら，

「主尋問の中身にもよりますが，一応主尋問と同じだけの時間をいただければと存じます」と応えた。

「わかりました。あとは尋問の順序ですが，双方，何かご意見がありますか」

双方代理人とも声はなかった。

「それでは，最初に緑川さんを，次に深町さんを，最後に中之条先生ということでよろしいですか」

こうして，緑川と深町の尋問が，午後を費やして一期日に，中之条の尋問が次の期日の午後に，主尋問と反対尋問とを合わせて行われることが確認された。

安宅書記官は，証人の旅費・日当の手続のことを代理人に打診して，日当の申請はしないことが了解・確認された。これは，菊池側の譲歩であった。菊池は，被告代理人が深町を同行してくることも約束した。安宅は，証人の費用請求の手続をしなくてすむことになり，その配慮に，菊池に満面に笑いをたたえて感謝の意を表した。

26 文書の提出拒否と文書提出命令の申立て

前回期日において被告側の宿題とされていた，花巻医師の紹介状を書証とし

て提出するかについては，被告と代理人との間でかなりの時間をかけて検討がなされた。この紹介状には，投与した薬剤，施した措置のあとに，それでも容態が改善しないことが記されている。中之条は，この紹介状は専門的には多様な意味合いをもつので提出することにやぶさかではなかった。しかし，病院の首脳のほか，肝心の弁護団がその内容を読んで，提出することをためらった。弁護団は，気管支喘息のための薬を投与したが，容態が改善しなかったことの証拠になるのでは，と恐れたからである。

　第5回弁論準備手続期日で残っているのが，この紹介状の件であった。
　「ところで，花巻医師の紹介状とレントゲン写真の提出問題が残っていましたね。ご提出いただけることになったでしょうか」と言いながら，岡田は，厳しい表情で菊池のほうを見た。
　原告代理人と裁判官，書記官らの視線が菊池に集まった。菊池は，その視線を感じながら，次のように発言した。
　「花巻医師から渡されたレントゲン写真のほうは，次回までに一括して書証として提出するつもりですが，紹介状につきましては，花巻先生から私どもの担当医師に宛てた手紙というかメモのたぐいですから，そのまま提出というわけにはまいりません。花巻先生，中之条先生，病院の了承が得られませんから」
　大曲がすぐに反論した。
　「だけど，その紹介状には，花巻医師が行った治療の内容が書いてあるわけでしょう。薬剤とその量，水分補給や酸素吸入などが。それは，出していただかないと」
　「投薬を含めて，その治療内容は，当院のカルテに転記しています。だから，私どものカルテで十分であって，メモ，手紙としての紹介状は必要ない」菊池は，厳しく大曲に反論した。
　「そういうご対応なら，こちらから文書提出命令を申し立てさせていただきます」と言いながら，草津は，Ａ4の用紙3枚の書類2通を安宅に手渡した。草津と大曲が打ち合わせをして，あらかじめ用意してきた，紹介状の「文書提出命令申立書」である。

（甲号証）書証目録

番号	提出		認否	
	期日	標目	期日	認否
甲A1	第1回口頭弁論	死亡診断書	第2回弁論準備	被告両名認
甲A2の1	第1回口頭弁論	診療録の写し	第2回弁論準備	被告両名認
甲A2の2	第1回口頭弁論	看護日誌の写し	第2回弁論準備	被告両名認
甲A2の3	第1回口頭弁論	病室日誌の写し	第2回弁論準備	被告両名認
甲A2の4	第1回口頭弁論	心電図の写し	第2回弁論準備	被告両名認
甲A2の5	第1回口頭弁論	検査記録の写し	第2回弁論準備	被告両名認
甲A2の6	第1回口頭弁論	投薬記録の写し	第2回弁論準備	被告両名認
甲C3	第1回口頭弁論	領収書（白水葬儀社）	第2回弁論準備	被告両名不知
甲C4	第1回口頭弁論	領収書（草津三郎弁護士）	第2回弁論準備	被告両名不知
甲C5	第1回口頭弁論	領収書（大曲賢弁護士）	第2回弁論準備	被告両名不知
甲B6	第2回弁論準備	医学書の写し（医学大辞典　気管支喘息・心不全関係部分）	第2回弁論準備	被告両名不知
甲B7	第2回弁論準備	城山製薬株式会社第2回弁論準備作成のセジラニド使用書		被告両名認
甲A8	第4回弁論準備	報告書（花巻医師からの聴取報告）	第5回弁論準備	被告両名不知
甲A9	第5回弁論準備	陳述書（緑川和子）	第5回弁論準備	被告両名不知
甲A10	第5回弁論準備	録音テープ反訳書	第5回弁論準備	被告両名不知

以下，省略

（乙号証）書証目録

番　号	提　出		認　否	
	期　日	標　目	期　日	認　否
乙B1	第2回弁論準備	小児科学会誌「小児心臓手術の余後」	第2回弁論準備	原告認
乙A2の1	第2回弁論準備	指示表	第2回弁論準備	原告不知
乙A2の2	第2回弁論準備	看護予診録	第2回弁論準備	原告不知
乙A2の3	第2回弁論準備	症状経過表	第2回弁論準備	原告不知
乙A3	第5回弁論準備	中之条医師より荒木部長への報告書簡	第5回弁論準備	原告不知
乙B4	第5回弁論準備	強心配糖体に関する実証的研究と題する文献	第5回弁論準備	原告認
乙B5	第5回弁論準備	心室中隔欠損口閉鎖術とその余後に関する研究と題する文献	第5回弁論準備	原告認
乙B6	第5回弁論準備	心臓外科学と題する冊子	第5回弁論準備	原告認
乙A7	第5回弁論準備	レントゲン写真（花巻医院）	第5回弁論準備	原告認

（以下はその後の弁論で提出されたものである）

番　号	提　出		認　否	
乙A8の1	第2回口頭弁論	守口循環器医療センター 外来診療録（緑川由佳）（文書送付嘱託）	第2回口頭弁論	原告認
乙A8の2	第2回口頭弁論	同センター入院患者診療録（緑川由佳）（文書送付嘱託）	第2回口頭弁論	原告認
乙A8の3	第2回口頭弁論	同センター手術記録（文書送付嘱託）	第2回口頭弁論	原告認

以下，省略

安宅は，この申立書の正本を岡田に，副本を菊池に手渡した。
　岡田は，この書面の1ページ目だけをチラッと見て，隣の加茂に渡した。加茂は3頁目までひととおり目を通した。この間，約1分たらず。
　岡田は，加茂に耳打ちして加茂の意向を確認したのち，草津に言った。
「この文書提出命令の申立てについての裁判所の結論は，次回の期日まで留保させて下さい。今日は，『提出』ということではなく，一応預かりとさせていただきたいと思いますが，草津先生よろしいですか」
　裁判所の対応は，草津らの予測の範囲内であった。草津と大曲は了解した。
「被告のほうで，もう一度，ご提出いただくことをご検討いただけませんか。中之条医師の尋問までで結構ですから」
　岡田の発言に，菊池は無表情でメモを取りながらうなずいた。

　続いて，双方から提出された書証の確認と原本との照合が行われた。この日，被告側は花巻医師から渡されたレントゲン写真を含めて，医学の専門書等，かなりの書証を提出した。

27　録音テープ反訳書の提出

　この中で，原告が提出した甲A第10号証（録音テープの反訳書）については，かなり議論になった。緑川とオジが中之条に面会したときに，緑川がハンドバックに録音機をしのばせて録音したテープを起こしたものである。
　すかさず，被告側の川棚弁護士が異論を述べた。
「話者である中之条医師に無断でこっそりと録音するなどというのは，違法で許されません。この反訳書は，却下していただきたい」
　大曲がただちに反論した。
「原告側が中之条先生に説明を求めて会ったときのやりとりのありのままを反訳して再現しただけのものですから，別に問題はないと思います。むしろ，こんな発言はしていないとか，ここが間違っているというところがあれば，それをご指摘いただければいいのではないですか」
　岡田は，判断に迷って，振り出しに戻って草津に尋ねた。

「中之条先生には，まったく断らずに録音したのですか」
「その点は，そうです。でも，本当のところを聴き出すために，緑川としてはやむを得なかったようです」と草津。
「医者は，ウソの説明はしませんよ。テープをとりたいということくらい，事前におっしゃるのが作法というものでしょう」菊池は，吐き捨てるように言った。
大曲が再び発言した。
「かりにそうだとしても，それが，テープの反訳書を証拠に使うことができるかどうかとどう関係するのですか。証拠採否とは関係ないでしょう」
「いや，違法に収集された証拠は，証拠として使えません」と菊池弁護士。
主任の加茂裁判官が，小声で岡田に進言した。岡田は，それを受けて，
「甲A第10号証については，合議のうえ，次回期日に採否を決定します」
草津は，テープそのものも2本，書記官に手渡した。被告側の川棚弁護士は，しぶしぶその1本を書記官から受け取った。

甲A第10号証

本件治療についての被告中之条猛の原告緑川和子らに対する説明

　　　　　　　　　　　　日　時　　平成25年10月9日
　　　　　　　　　　　　場　所　　陵南総合病院（一治療室）

医　一応カルテにあることを読みますから，そんならいいですか。
母　ハイ，お願いします。
医　エェート　来院されたのが救急車で，エェート，夜10時頃ですね。
　　エェート　花巻医院ですか，肘静脈に点滴が付いてきたト。デェ，サルタノールとセジラニドが使用してあるト。デ，サルタノールの吸入をやったら少しよくなったということで。
　　こちらに来院されてからは，エート　少し呼吸困難ト。軽いチアノーゼがあるが，意識は清明で，「お母さん，お母さん」といって結構文句をいっていたト。ソンデネー　酸素を嫌がっていたト。
　　あとでお母さんにいろいろ聞きまして，エェート　前に喘息といわれたことも

あるし，心臓の手術を受けたこともある。
母　娘は前に喘息になったことなどはありませんが。
医　でもお母さんがそうおっしゃったでしょう。
母　……そんなことはいっていないはずですが。
医　お母さんがいわなかったとすると，花巻さんでしょうか。とにかく誰もいわないのに，カルテに書くはずがないが……。
オジ　失礼ですが，先生が聞き間違われたということは？
医　いずれにしても，あの時の症状からは気管支喘息の疑いがあったんです。それで，お母さんと話したのは，エェート　いわゆる気管支喘息でこうなったとしたら非常に重症であるし，エェート　言葉が結構出るということが，喘息だけでは説明がつきにくいと，デー，マ軽いチアノーゼと　エェート　肝腫大があるということが心不全の兆候がある卜。
　　　心疾患の何か問題があるのか　エェート　喘息なのか，まだ確定的な判断はつかないと……。
　　　心疾患で新たな問題が生じたのかどうかも，ちょっと断定に困る……デ　気管支喘息の手当は一応してあるし，エェート　セジラニドも使用されているので，注意深く様子を診ることにする卜。
母　私が聞いたのは様子をみてみましょうということだけだったように思いますが，だから先生が何度も診にきてくださるものと思っていたのですが。
医　そんなに細かいことまでは説明しなかったんですが，マア，ちゃんとお話したつもりですが……デェ，カルテの説明を続けると，
　　　心電図で右脚ブロックが診られるが，手術前からあったのか，またあとで出てきたのかが，わからない　卜。
　　　19日の午前0時15分，排尿があり，尿のアセトンは陽性　デスネ。
　　　その時点で診にいった時には肩呼吸は診られるが，一応眠っている卜。
　　　朝6時頃に急変に気づき　エェート　当直であった主治医が駆けつける。
　　　看護師さんの話によると，4時頃にお茶を希望して　エェート　水分の補給を少し与えた卜。6時頃，急変に気づき，直ちに処置室へ移動，エェート呼吸はほとんどないようである。……デェ　挿管しまして，エェート　アンビューバックで押し，デスピレーターを使用したが，心音はほとんど聞こえず。
　　　カウンターショックを2回施行するも，心拍は診られず。7時10分に死亡を確認。
　　　一応僕のやったことはここまでですが。
母　検査は，それで，全部，されたものは皆入っているわけですか。今ので。

医　はい。
オジ　途中見回りには，イッペンもみえなかったわけですね，先生は。
医　チャウ，0時30分に，1度行った。
オジ　その時は脈拍とか，呼吸とかの状態は入っているのですか，今のデータに。
医　はい，午前1時の体温は38度7分　デスカ，脈拍は120，呼吸が　アート 48。

………中略………

母　それから，花巻医院からの申し送りは，どのように聞かれたのですか，先生は。
医　イヤ，こちらが聞いたのは　デスネエ，さっきいいましたように，ソノウ，アノ，喘息があるということ　それから肝臓が腫れておる　それから比較的重症である，てなこと　デェ。
　で，さっきいいましたような，処置が，してあるわけですね。アノウ，輸液，点滴がつけてあるということと，強心剤が使ってあるということと，それから，酸素吸入は，マ　向こうでやられたわけですけども。
　そして　エェト，向こうでは5時頃から診られたんですか。
母　5時に行きまして，5時半から。
医　5時半頃からですか（ハイ），その頃から，マア，あまりかんばしくないいうことだったと思いますけれども，アノ　こちらに来た時は，「チョット，サッキヨリハ，イイカナア」ということはいってたんですけれども。そういうことですね。
　ただ，白血球数は16500と書いてありますね。
　デェエ，マ　お腹が痛いということが，その，肝臓が急に腫れてきたためなのか，アノウ　さっきいいました，尿のアセトンが出ているということなのか，それでも，まあ，ある程度お腹が痛い，ということはあり得るわけですね。
　もう1つ，僕から説明させてもらえば　アノウ，喘息か心臓かということなんですけれども，喘息であれば水分がある程度たくさん行かんといかんわけですね。デェ　エェト　ただし，心臓であれば，そう滅茶苦茶行ったらいかんことになるわけですけど。マア，喘息の可能性のほうが強いと思ってましたけど。

………中略………

オジ　何かデスネ（ハイ），私，今伺うと　デスネ（ハイ），先ほどいったことと矛盾するかもしれませんですけどね（ハイ）。何か多少疑問の余地があったかの如く，先生はおっしゃいますが（ハイ），そうだったにもかかわらず，途中での回診はなかった　ト。1時以降　デスネ（ハイ），死んでしまうまで　デスネ（ハ

イ）。
　　これは少し矛盾ではないかと思うんですけど。
医　それがね（ハア），それが，例えば，僕が，3時なら……3時くらいに，起きて診にいかなかったのは，お前は甘いんじゃないか，ト，マ，いわれれば，それまで，という感じはしますけどね。
オジ　ええ（ハイ），先生は，心臓に欠陥があると，（ハイ）いうことは，十分，ご承知の上（ハイ）なんですからね。
医　当然，心臓の手術がなされているということは僕も，……手術がしてあるから，ね，心臓がそう簡単には，へたらないだろうと，いうね……特に守口は有名なところですからねえ。（オジ；ソラ，ワカリマスヨ）僕が，そういう意味で，甘かったといわれりゃあ，それまでですが。それは，ソノウ，そうかと思いますけどね（ハア）。
　　僕は，お母さんに聞いた時にね（ハア），守口みたいなところで手術されたのにね（ハア），なんでこう心臓が弱るんだろう……ということは，僕は疑問だったわけです。（ハァァ）。
オジ　しかし，疑問のままでは，おかしいじゃないですか。今まで，どうもなかったと（ハイ），チアノーゼが出る（ハア）ほどのことにはならなかった，ということも，いったはずですねえ。
医　僕，お母さんにもいうたんですけどねえ（ハイ）。だから，ここうまいこと通り越せばね，また守口に行ってぇ，もう1回相談し直すか，いうたんですけどねえ。
オジ　そんな危ない状態だったんですか（ハァァ）。
医　そらあ，ある程度危険はあったですよ。
オジ　危険があったのですかあ！　はじめから！　それなのに，医者は診にこなくていいんですか（ハァァ）。
医　……それはアレでしょ，アレ，マ，比較的休んでられるみたいだったしね。そういうことで，看護師さんが見に行ったわけですね。それを，マア早く気づかなんだのが，けしからんと，いわれりゃ，それまでですけどもお。……お母さんもついておられることですしねえ。だからぁ……。
オジ　はあ，そうすると，親が起きて診ているのが当然であると。
医　当然……，当然というのはアレですけどねえ。
オジ　しかし，親も明け方ともなればくたびれますねぇ。はじめのうちは起きて診とっても　デスネ（ハア）　人間の限界というのがあるわけですねえ（ハア）。
医　僕はねえ，お母さんを責めるつもりはないですけどねえ。アノウ。

> オジ　人間てぇのは限界がある。だからこそ，お医者さんに任せるのであって，ネ（ハイ）親ならば，診とってわかるというなら　デスネエ（ハア），そうじゃないからお医者さんがいるわけでしょ。
> 医　そうです……それだから，ソラア，アレですわね。人間のやることですからぁぁ。マア，そりゃ，人間のやることだって，逃げる気はないですけれどもね。（ハアァ）。
> オジ　まあ，わかりました。それじゃ，これで。

23　結果陳述書と和解の打診

　次回期日は，緑川本人および深町証人の尋問が行われることになったが，裁判所の予定が立て込んでおり，期日は約2ヶ月先の平成27年1月13日午後1時30分からとなった。その次の期日の中之条本人の尋問期日も入れられ，この方は1ヶ月おいての平成27年2月10日午後1時30分となった。
　最後に岡田が確認した。
　「次回は，弁論準備手続の結果を陳述していただくことになりますが，何かお考えがおありですか」
　両方の代理人は，ポカンとして顔を見合わせた。草津，大曲にはまったく念頭になかったし，菊池は，裁判官の発言の趣旨を理解できなかった。主任の加茂が引き取った。
　「次回は人証の尋問を予定しており，余分の時間はとれませんので，もし5分以上結果陳述をなさる場合は，事前に書面を提出していただければありがたく存じます。」

　「ところで……」岡田は，急におだやかな視線を双方の弁護士たちに向けて，ゆっくりと言った。
　「それぞれのご主張が出揃って，お互いにほぼ言い分を尽くされたところで，なんとか話し合いで解決されるおつもりはございませんか」
　和解の打診である。
　「これから人証調べをやり，鑑定を行うことは，大変なエネルギーを費やす

ことになりますし，どちらかが敗訴のリスクを負うことになります。先生方に申し上げるまでもないことですが」

 岡田は，すでに部内で合議してきた方針とみえて，よどみなかった。加茂も安宅も当然という表情で双方の代理人の反応を窺っている。

「よろしければ，別々にお話を伺っても」と，岡田は，双方を見た。

 草津らのほうは，この提案は悪いことではないと受け止めた。被告側に責任がなければ，金額の交渉にはならないからである。

 やがて，菊池が応えた。

「被告側としては，病院の姿勢がわりとはっきりしていますので，今の段階では，ちょっと難しいと思います。原告のほうで，無条件に近い形で訴えを取り下げるような和解なら別ですが」

 草津と大曲はとんでもないという顔で，菊池を見返した。

「先生方のほうから，病院と中之条先生に再度説得していただくことは，ムリですか。和解の手続にはいることを」岡田は，なおも期待をつなぎたそうであったが，被告側の反応は硬かった。

 これ以上押しても無理だと判断して，岡田はあきらめた。

「それでは，今の段階では和解を試みることは，差し控えることにします。次回は，さきほど申したとおり，口頭弁論に戻ります」

【第5章 解説】

(1) 証拠の申出を必要とする理由——弁論主義

裁判所は，当事者の申出があった証拠方法について，それを調べる必要があるかどうかを判断し（証拠の採否。民訴181条），必要と認めたものの証拠調べを行う。

裁判所は自ら証拠を収集して調べてはならず，必ず当事者の申し出た証拠によらなければならない（職権証拠調べの禁止。ただし，例外あり）。これは，民事の訴訟に関する資料を収集して提出するイニシアティブと責任は，裁判所でなく当事者にあるとする原則（弁論主義）から導かれる。

民事訴訟においてなぜ弁論主義がとられているかについては学説の対立があるが，真実発見のための手段とみる（手段説）よりも，民事の紛争が私的自治に委ねられていることの反映として訴訟においても当事者の自主的権限を認めるべきとする説（弁論主義を民事訴訟の本質とみる本質説）が通説である。しかし，すでに私的自治が破られているからこそ事件が訴訟に持ち込まれていることを考えると，本質説では今一つ説得力を欠く。

そこで，訴訟における争い方を当事者の自主性に任せているのは，訴訟過程において自ら主張と立証を展開すること自体が，いったん機能不全に陥った当事者の自治（自主的な紛争処理能力）の回復につながるとみる考え方（新本質説）が主張されている。

(2) 無断録音テープの問題点

中之条に無断でこっそりと録音したテープは，証拠として使えるか。一般化すれば，「違法に収集した証拠に証拠能力が認められるか」という問題であり，近時，判例・学説において議論のある問題である。

かつて，民事裁判では刑事裁判と違って証拠能力（証拠になりうるもの）に制限はなく，自由心証主義（民訴247条）のもとでは真実発見のために違法に収集された証拠でも自由に使うことができる，という考え方もあったが，現在ではこの考えをとる者はほとんどいない。相手方の住居や施設に不法に侵入して，帳簿や日誌などを盗み出した場合，それを証拠として使うことは認められない。裁判は法の実現の場であるので，個人の基本的人権を著しく害したり，入手方法が極めてアンフェアーで反社会性が強い場合にまで，それを証拠として使うことは，当事者間でも，当事者と裁判所との関係でも，許されないと考えるのが妥当であるからである。

しかし，本件の場合は，医者との面談の際の録音であるので，会話の趣旨内容からみても，ハンドバッグに隠していたという手段の反社会性の程度からみても，証拠として使えないとまでは言えないであろう。

(3) 弁論準備手続の結果陳述

　弁論準備手続で行われるのは，当事者の主張をかみ合わせて事件の争点を形成する実質的な弁論であるはずであるが，公開の法廷で行われないという点で本来の口頭弁論ではない。そこで当事者は弁論準備手続の結果を口頭弁論において陳述し，弁論準備の成果を口頭弁論につなげなければならないものとされている（民訴173条）。その際には，その後の証拠調べによって証明すべき事実を明らかにしなければならない（民訴規89条）。具体的には本件のように弁論準備手続を終了するときに裁判所と当事者の間で書面（または口頭）で確認しておき，その内容を，次に行われる本人尋問の前に述べるという形になろう。しかし実務では，口頭弁論の冒頭に，裁判所が「弁論準備手続の結果陳述をしますね」と問い，代理人弁護士が「はい」と答えるだけといった，非常に形骸化した運用がほとんどである。

　確かに，関係者間で確認済みの事項をほとんど傍聴人のいない法廷で陳述するだけなら，時間の無駄で，当事者に意欲がわかない。そのため，この規定の導入にあたっては，単なる結果陳述（口頭弁論への上程）というより，これから行われる証人，本人尋問の冒頭陳述と位置づけようとの提案がなされた。すなわち，必ずしも弁論準備手続に出席していない当事者本人や証人などの関係者，傍聴人に事件の全体像や争点を十分理解させることにより集中した証拠調べにつなげる，特に書面の応酬が続く複雑な事件でポイントを押さえた口頭での事案説明を行うことにより弁論の活性化へつなげるという，新たな意義づけがなされてきたのである。それにもかかわらず現状は変わっていないということは，この問題が公開主義や口頭主義といった口頭弁論の基本原則にかかわる根深い問題であることを物語っている。

(4) 陳述書

　民事裁判では，当事者本人や第三者（証人候補者）が，自らの思いや体験した事実についての認識を書いて，その文章を裁判所に提出することがしばしば行われる。この文章は，「陳述書」と呼ばれている。代理人弁護士がついている場合は，弁護士の指導・関与のもとに作成される（むしろ，弁護士が本人や第三者から聴き取って文章を作ることも多い）。したがって，実態は作成名義人と代理人弁護士との合作である。

　これはもともと民事保全の疎明資料として使われていたものが，通常の民事裁判に取り入れられ，またたく間に普及したものである。民事訴訟法には，陳述書についての規定はないが，書証として慣行化されている。

　陳述書が用いられる理由は，様々である。

　①　事件を法律要件的に構成するだけでは，事件の全体や本質がわかりにくい。この点を補う効用をもつ。

　②　当事者本人や関係者も，思いの丈を書いて提出する機会が与えられれば，「自分の言い分を聞いてもらえる」という期待と満足感をもつ。

③　裁判所も，書かれたものを読むほうが，口頭で聴いたり人証調べで尋問するよりも，はるかに時間と労力の節約になる。また，証人尋問，本人尋問の必要がなくなり，また，尋問を行う場合も必要最小限のところだけに絞り込める。
④　当事者・代理人としても，相手方からあらかじめ陳述書が出されていれば，反対尋問の準備ができる。そこで，陳述書は反対尋問を活性化させる機能をもつ。

しかしながら，陳述書そのものは，あくまでも作成者の作文であるので，反対尋問にさらされない書面にすぎず，これを書証として多用することには問題がある。

(5)　**文書提出命令と文書提出義務**

当事者は，訴訟で証拠として利用するためであっても，相手方や第三者が所持する文書の提出を無制限に認められるわけではない。文書の所持者は原則として提出義務を負うが，例外がいろいろある（民訴220条）ので，常に提出を命じてもらえるわけではない。文書提出義務の原因は4つの場合に分けて定められており，その訴訟で引用した文書（1号），挙証者が所持者に対して引渡・閲覧請求権のある文書（2号），挙証者のために作成された「利益文書」と，挙証者と所持者の間の法律関係について作成された「法律関係文書」（3号前段・後段），4号の除外事由（イ～ホ）に該当しない文書が，提出義務のあるものである。裁判所は，4号の除外事由のどれかに該当するかどうかを判断するために必要であるときは，一応その文書を提出させて見ることができるが，当該裁判所以外は当事者や代理人であっても，その文書の開示を求めることはできない（インカメラ審理手続。民訴223条6項）。文書に提出義務のある部分と義務のない部分があるときは，義務のない部分を除いて提出を命じることができる（一部提出命令。同223条1項）。

本件の花巻医師の陵南総合病院宛ての紹介状は，3号の「法律関係文書」，また，4号ニに該当する文書（自己使用文書）と言えない文書であるから，提出を命じることができる文書と言ってよいであろう。

なお，提出命令があったのに，当事者がそれにしたがわない場合には，その文書にどのようなことが書いてあるかについての相手方の主張を真実と認めることができ，さらに，相手方が文書の記載内容を具体的に主張できないときは，その文書で証明すべき事実に関する主張を真実と認めることができる（民訴224条）。また，第三者が，提出命令に従わないときは，20万円以下の過料に処せられる（民訴225条）。

第6章　本人尋問と証人尋問

29　口頭弁論に戻る
30　緑川和子の供述
31　深町美津子の証言
32　被告中之条猛の供述

29　口頭弁論に戻る

　平成27年1月13日午後1時30分，第1回の口頭弁論の時と同じ第503号法廷で開始された。この日の午後の503号法廷は，人証調べということで，岡田の部では，この事件以外には期日は入れられていない。それでも，傍聴席には桜田建三，羽賀健一事務長，中之条猛の姿が見え，ほかにも，地元の大学生と見られる男女が数人固まって席を占めている。最近では，ロースクールの院生のほか大学の法学部生や中学生，高校生の傍聴も多い。
　緑川と深町は，緊張した面持ちで傍聴席の最前列にそれぞれ離れて座り，今しがた，安宅書記官から説明を受けた用紙に署名をして印鑑を押している。
　被告側の当事者席から裁判官席寄りの隅のほうに専門委員の山梨隆司が，その横に，すぐにそれとわかるバッチをつけた司法修習生の男女2人がノートと六法全書を机上に置いて座っている。
　1時30分，準備が整ったことをたしかめて，安宅は，裁判官室に電話した。その間2分，いつもながら重苦しい緊張が続いた後，裁判官席の後部のドアが開いて黒い法服の3人の裁判官が入廷した。
　バーの内側の関係者がはじかれたように立ち上り，傍聴席がそれに続いた後，一同一礼をして着席した。廷史が記録を裁判官席に置いている。
　岡田がすぐに切り出した。
　「裁判所の構成が変わりましたので弁論を更新していただきます。……」両代理人席の弁護士たちはチラッと上目で向かって右陪席の裁判官を見た。女性の裁判官（上条未来判事）に変わっている。
　「口頭弁論に移行しましたので，弁論準備手続の結果を陳述していただきます。事前に書面の提出をお願いしておりましたが，提出されておりませんので，弁論準備手続調書のとおりということでよろしゅうございますね」
　原告席，被告席とも，座ったまま岡田のほうを向いて小さくうなづいた。
　「それから，甲A第10号証，録音テープ反訳書ですが，合議の結果，証拠として採用いたします。テープそのものは，証拠としなくてよろしいですね」
　草津は，大曲と言葉を交わしたのち，立ち上って

「はい，結構です」と答えた。被告席からは，何の発言もなかった。
「それから，被告から緑川由佳の守口循環器医療センターでの手術に関する診療記録を取り寄せる文書送付嘱託の申立てがなされております」
 菊池は，3日前にその申立書を裁判所に送っていた。安宅は，草津の席に行ってその申立書の副本を渡し，草津は正本に受領のサインをした。
「裁判所としても，心臓手術の記録は本件審理に必要と判断しますので，守口循環器医療センターに送付嘱託をしたいと思います。原告代理人，よろしいですね。」
 一呼吸置いて，岡田裁判長はこの日の期日の趣旨と人証調べの順序，所用時間とを確認したあと，緑川と深町にバーの内側に入るよう促した。2人は，証人席のうしろに立った。
 岡田裁判長は，緑川和子と深町美津子に，本人であることを確かめたうえ，尋問に入るに先立って宣誓をしてもらう必要がある旨を告げ，さらに，もし嘘を言った場合には，証人には偽証罪の制裁があり，本人といえども過料の制裁が科せられることを告げた。緑川と深町は，小さくうなずいて，あらかじめ書記官から示されてその内容に目を通していたペラペラの印刷された宣誓書を一緒に声に出して読み上げた。自分の名前だけは，それぞれが別々に発声した。

```
   宣　誓
 良心に従って，真実を述べ，なにごとも隠さず，
 偽りを述べないことを誓います。
                    原告　緑川　和子　㊞

                    証　人　深町　美津子　㊞
```

 宣誓書を持つ緑川の手は振るえ，深町の声は上づっていた。とりわけ，深町は，昨日，2度行われたリハーサルどおり答えられるか，尋問でどのようなことを聴かれるのか，不安と緊張の極に達していた。
 岡田は，深町に，緑川の尋問の間は，別室で待機するように指示した。

㉚　緑川和子の供述

　以下に，原告本人尋問の速記録の中から重要と思われる部分を抜き出してみよう。

原告代理人　草津三郎　甲Ａ第9号証（緑川の陳述書）を見せます。これは，あなたが書かれたものですか。
原告本人　緑川和子　はい。
草津　ここで書かれたことに間違いはありませんか。
緑川　はい，間違いありません。
草津　由佳さんは，心臓の手術をしたことがありますか。
緑川　あります。
草津　いつ，どこで手術しましたか。
緑川　由佳が1歳半の頃に，守口循環器医療センターでしました。
草津　どういう病気だと言われましたか。
緑川　心室中隔欠損症だと言われました。
草津　手術してから，由佳さんの健康状態はどうでしたか。
緑川　手術の前と比べると，たいへん元気になりました。
草津　どういうところからわかりましたか。
緑川　毎日，家の外で遊び回っておりましたし，風邪などを引くことはあっても2，3日でよくなるというふうでしたので。

　　●花巻医院での状況
草津　ところで，由佳さんは平成25年9月18日に，花巻医院で診察を受けたことがありますか。
緑川　はい，あります。
草津　どういう症状だったんですか。
緑川　前々日の9月16日の夜に，ちょっとせきがありました。ですけど，明くる日の朝，起きてみたら割に元気だったので，幼稚園にやりました。幼稚園から帰ってきて，いつものようにお昼も食べました。
草津　それからどうしましたか。

緑川　午後から，いつもはお昼寝しないんですが，その日は疲れていたのかお昼寝しました。

草津　その晩はどうでしたか。

緑川　早目に寝てしまったんですが，その日の9時半頃からお腹が痛いと言い出したんです。

草津　その晩は，せきがあったりしましたか。

緑川　せきは，ほとんど気になりませんでした。どこが痛いのと聞きましたが，はっきり言わないものですから，熱を計ったりしました。熱はたいしてありませんでした。

草津　18日は，幼稚園には行きましたか。

緑川　いえ，休ませました。

草津　18日に，花巻医院の診察を受けようとしたのは，どういう症状からですか。

緑川　その日の午後からですが，顔色が悪くなって，手足なんか少しどす黒くなって，ぐったりとしましたので，連れていきました。

草津　花巻医院に行ったのは，18日の何時頃でしたか。

緑川　夕方の5時頃だっとと思います。

草津　花巻先生のところでどういう処置が採られましたか。

緑川　レントゲンを撮って，点滴をし，酸素吸入をしました。

草津　なんの病気だと言われましたか。

緑川　その時ははっきりとおっしゃいませんでした。

草津　どうして本件の陵南総合病院に由佳さんを移すことになったんですか。

緑川　8時半頃なんですが，花巻先生が，入院させる必要があるんだが自分のところには入院設備がないということで，花巻先生が探してくださいました。

草津　陵南総合病院に転送するには，救急車を使ったのですか。

緑川　はい。酸素吸入を続けるには，タクシーよりも救急車のほうがよいと花巻先生が言われれたものですから。

草津　救急車の中でも，点滴と酸素吸入を続けていたのですね。

緑川　はい，ずっとです。

●陵南総合病院での対応

草津　陵南総合病院に着いて，まずどういうことがありましたか。

緑川　簡単な○×式の問診票を書くように言われました。

草津　それからどういうことがありましたか。

緑川　看護師さんの問診がありました。
草津　看護師が問診したんですか。
緑川　はい。中之条先生もおられました。
草津　医者からも問診はありましたか。
緑川　手術の時期を聞かれたのと，なんでこんな小さいうちに手術をしたんだということを聞かれました。
草津　それだけですか。
緑川　チアノーゼというか，こういう状態ははじめてだということをお話ししました。
草津　そのほかには，何か聞かれたことはありましたか。16日の状態とか，17日はどうだったかとか。
緑川　いいえ，聞かれません。
草津　そのお医者さんは，被告の中之条医師でしたか。
緑川　はい，そうです。
草津　それからどうしましたか。
緑川　私のほうから，どうなんでしょうかと尋ねました。
草津　そうしたら何と答えたんですか。
緑川　これが，喘息からきたものならいいが，そうでなければちょっときついな。まあ，意識もはっきりしているし，しばらく様子をみましょう，というふうにおっしゃいました。
草津　あなたは，中之条先生に，由佳さんは喘息の気がある，というようなことを言いましたか。
緑川　いいえ，そんなことは言っておりません。
草津　陵南総合病院まで一緒についてきてくれた花巻医師は，中之条医師と何かやりとりをしていましたか。
緑川　1枚の用紙を渡して，何か立ち話をされていました。
草津　話の内容は，あなたにも聞き取れましたか。
緑川　いえ，処置室の中で，ガラス越しでしたから，お話の内容は聞こえませんでした。

● 病室での状態

草津　あなたが，病室に入ったのは，何時頃でしたか。
緑川　正確かどうか，ちょっとわかりませんが，11時より10分か20分くらい前

だったと思います。
草津　病室は明るかったんですか。暗かったんですか。
緑川　とても暗かったんです。腕時計を見たんですが，見えないくらいの感じでした。
草津　病室にお医者さんが入ってきたことはありますか。
緑川　はい。1度あります。
草津　中之条医師が回ってきた時に，由佳さんの顔色を見たりしていましたか。
緑川　子供の背中のほうから聴診器をあてていましたけれど……。
草津　何かその時に言いましたか。
緑川　別に，言われなかったように思います。
草津　看護師は入ってきましたか。
緑川　はい。3回来られたと思います。
草津　3回目，つまり最後に来たのは何時頃でしたか。
緑川　6時5分前です。
草津　その時は危篤の状態の時ですね。
緑川　そうです。
草津　あなたはその病室で寝ましたか。
緑川　3時過ぎから，ちょっと横になってウトウトしていました。付添人用のふとんが置いてありましたので。けれど，看護師さんが入ってきた時は起きました。
草津　すると，3時までは目をさましていたわけですね。
緑川　はい。
草津　4時頃に，何かお茶をとりに行きませんでしたか。
緑川　行きました。看護師さんの詰所へ行きました。ナース・ステーションですか。由佳が，お茶を飲みたいと言いましたから。
草津　そうしたら。
緑川　「ちょっと待ってて，持ってくるから」と言われました。
草津　どこで待っていましたか。
緑川　詰所の前の廊下で待っていました。
草津　その詰所，ナースステーションですか，中之条医師はいたようでしたか。
緑川　いえ，お医者さんは誰も見えませんでした。
草津　看護師は電話か何かかけていましたか。
緑川　いえ，そんな様子はなかったです。
草津　看護師は巡視をした時に，由佳さんの顔色を見たりしていましたか。

緑川　いいえ，点滴の落ちる様子を見て帰っていくという感じでした。
草津　懐中電灯で顔を照らすというようなことはしなかったんですか。
緑川　そんなことはしなかったです。
草津　6時頃，また看護師が来たわけですね。
緑川　はい。
草津　その時看護師は何と言いましたか。
緑川　「お茶全部飲んだ？」というふうにわたくしに尋ねてきました。
草津　それで，どう答えました。
緑川　あわててお茶のビンを渡そうと思ったのですが，その時はもう看護師さんが聴診器で診ていたんです。
草津　それでどうなったんですか。
緑川　「この子，呼吸してない」といって走っていきました。
草津　それからどうしましたか。
緑川　中之条先生が一緒に走ってきまして，子供を処置室のほうに抱えていきました。
草津　あなたはどうしましたか。
緑川　気が動転してしまって，しばらくボウーッとしていたように思うのですが，どうしたか，未だにはっきりわからないのです。

　●病院の処置について
草津　ところで病院では，水分をあまりたくさん摂取してはいけないとか，水分はこの程度にしてくださいということをあなたに注意しましたか。
緑川　いいえ，そのような指示はありませんでした。
草津　排尿があったら，ためておきなさいと言われておりませんか。
緑川　ためておきなさいとは言われませんでした。ただ，1回だけは検査用のコップに入れてくださいと言われたので，そこに入れました。
草津　その後の排尿については，医師からも看護師からも特に指示はなかったのですね。
緑川　はい，指示はありません。2回目のおしっこの時に，看護師さんに尿びんを渡したのですが，すぐ捨てられたようでした。
草津　由佳さんは，どこか痛いということを言っていましたか。
緑川　はい，点滴しているほうの手が痛いということをお茶を飲んで眠るまで言い続けていました。

草津　あなたは，そのことを告げましたか。
緑川　はい，2回は言っています。巡視に来た看護師さんに。
草津　看護師は，何と言いましたか。
緑川　「ああそうですか」と言っただけです。
草津　花巻医院では酸素を使っていたということでしたが，陵南総合病院ではどうでしたか。
緑川　陵南総合病院に到着してからは，酸素吸入はしていません。
草津　病室でも使っていないのですか。
緑川　使っていません。
草津　花巻医院で由佳さんは酸素吸入をすることを嫌がりましたか。
緑川　顔に器具があたると嫌ということはあったんですが，あたらないように持っていてやると嫌がらなかったんです。
草津　病室にいる間に，チアノーゼが消えていたかどうかということは，あなたにわかりましたか。
緑川　病室が暗くて，わからなかったです。
草津　看護師もそれを確認することはしたように思えないということでしたね。
緑川　はい。
草津　中之条医師も1回来ただけで，背中から聴診器をあててすぐ出ていったということですか。
緑川　はい。
草津　そうすると，あなたからみて，陵南総合病院に由佳さんを連れていって，翌朝死亡するまで，病院ではいったいどんな処置が採られたと記憶していますか。
緑川　心電図をとって，あとは点滴を一晩中やっていただけです。

●死亡後の説明，交渉
草津　それでは，由佳さんが亡くなられたあとの経過などについて伺います。あなたが死亡原因についておかしいといいますか，不審をもたれたのはいつでしたか。
緑川　お通夜の時から，由佳はなぜ死んでしまったのだろう，というような気持ちがいっぱいで，親として後悔と言いますか，もう口ではなんとも言えないような自責の念にかられておりました。それで，なぜ死んでしまったかをお尋ねするために，陵南総合病院に行きました。
草津　最初に死因などについて説明を受けたのはいつですか。
緑川　由佳が亡くなった日です。

草津　それで、中之条医師から説明を受けたのですか。
緑川　はい。
草津　それで、あなたはどのように尋ねましたか。
緑川　亡くなった原因は何だったのか、親としてどうしても知っておきたいので教えていただきたい、という趣旨のことを申しました。
草津　中之条医師は、どう言われましたか。
緑川　死亡した朝の時点ではとにかく元気だったが、それ以後急変した、手を尽くしたけれども及ばなかった、というような趣旨のことをおっしゃいました。
草津　その答えを聞いてあなたはどうしましたか。
緑川　なぜ、急に死んでしまったのかを知りたかったものですから、その点をもう少しお尋ねしました。
草津　それで、中之条医師はどう言われましたか。
緑川　解剖しないとはっきりしたことは言えないが、重い気管支喘息に加えて心臓に突発的なトラブルがあったかもしれない、というような趣旨のことを言われました。
草津　それで、どうしましたか。
緑川　もう少し詳しくお聞きしたかったのですが、その時はそれだけで終わりました。
裁判長　中之条先生は、「心臓に突発的なトラブルがあったかもしれない」と言われたのですか。何かもっと具体的に病名などを挙げて説明されたのですか。
緑川　病名は言われません。
草津　……それで、その説明を聞いたあとですが、あなたはどうしましたか。
緑川　容態が急変したと言われましても、ちょっと腑に落ちなくて……。心臓の手術のあとは、ずっと見違えるように元気でしたので。それで、とりあえず、花巻先生を訪ねて、陵南総合病院へ転送する前に病状をどう診ておられたかを伺ってみました。
草津　由佳さんが亡くなったことを告げた時、花巻先生はどういう反応を示されましたか。
緑川　とにかく、びっくりされました。信じられない、というふうでした。
草津　ほかに花巻医師が言われたこと、あるいはあなたに尋ねられたことはないのですか。
緑川　はい、酸素吸入をしなかったかどうかを何回も尋ねられ、おかしいなあというふうに首をかしげておいででした。

草津　ほかに，あなたのほうから花巻先生に尋ねたことはないのですか。
緑川　先生がすぐ入院の必要があると判断されたのはなぜですか，その理由を素人にもわかるように聞かせてほしい，と申しました。
草津　そうしたら，どう言われたのですか。
緑川　呼吸が苦しく喘息状態であると診断したが，これが心臓からきているのかもしれないので，いろいろな検査ができる設備があり，スタッフもいるところで本格的に調べてもらって，治療もしたほうがよいと判断したので，入院を指示したと言われました。
草津　あなたは，中之条医師が気管支喘息に心臓のトラブルが重なって死を招いたのではないかと言われたということを花巻医師に話しましたか。
緑川　はい。話しました。
草津　そしたら，どう言われましたか。
緑川　これといったお答えをいただかなかったので，もう一度お考えを尋ねましたところ，中之条医師は自分が転送した病院の医師であり，その中之条医師の診断や処置について，自分がコメントできる立場にはないので，その点については何も言えない，と言われました。
草津　花巻医師とそういうやりとりがあったのちに，中之条医師を再び訪ねたことがありますね。
緑川　はい。
草津　いつ頃訪ねましたか。
緑川　あれは死亡後3週間目の水曜日ではなかったかと思います。10月9日の5時ちょっと前に先生のお部屋に訪ねました。この時は，オジにも一緒に行ってもらいました。
草津　何をどういうふうに聞いたのですか。
緑川　お聞きしたことは1回目と同じで，死因について納得のいく説明がほしい，ということをもっとはっきり申しました。
草津　そうしたら，中之条医師はどう言われましたか。
緑川　ああいう経過で可愛いお子さんを亡くされたお母さんの気持ちは，よくわかる。しかし，人間の生命というものは，まったく予想できないもので，運命と思ってあきらめてほしい。医師としても，急に夜間に連れ込まれても限界がある。しかし，自分としては最善を尽くしたので，何ら非難されるようなところはない。ただ，看護師の巡視をもう少し密にすれば，なおよかったと思うが……というようなことを言われました。

草津　それで、あなたはその説明といいますか、説得に納得しましたか。
緑川　わたくしは医学のことについてはまったくの素人でよくわからないのですが、ただ、医師としてベストを尽くした、しようがなかったと申されましても、あの晩の状況からは今一つ納得できないのです。点滴のほかは、処置らしい処置もありませんでしたから。それで、先生は運び込まれた時、容態が危険だというふうに認めておられたのかどうかを尋ねました。
草津　そしたら、中之条医師はどう言いましたか。
緑川　何かいろいろ専門的な難しいことを言われたのですが、要するに、一応の危険状態は認めていた、しかし、夜も遅かったために処置のしようもなかったし、様子をみるほかなかった、自分では手を尽くした、というようなことを申されました。
草津　甲A第10号証（録音テープの反訳書）を見せます。これは、その時のテープを起こしたものですが、これは読んでおられますね。
緑川　はい読みました。このようなやりとりでした。

●被告代理人による反対尋問

原告代理人による主尋問が終わって、裁判長は、被告席の菊池に向かって、「それでは、被告側で尋問したいことがあればどうぞ」と言って、反対尋問を促した。菊池は、どうせ原告本人は自分に不利なことは言わないであろうし、原告本人の供述に矛盾があれば、中之条医師の供述や看護師の証言によって十分に崩すことができると考えて、あまり深入りする必要はないと判断した。それで、反対尋問は比較的あっさりと切り上げたが、その中から、2, 3のやりとりを掲げておこう。

菊池　あなたが、由佳さんを花巻医院に連れていかれた直前の病状について伺います。16日の夜にせきがあったということですが、どんなせきでしたか。
緑川　……。
菊池　例えば、ゴホン、ゴホンというようなせきもあれば、コン、コンというようなものもありますね。ちょっとまねてみていただけませんか。
緑川　……コン、コンといった程度の軽いせきで、ほとんど気にならないほどでした。
菊池　コン、コンといっても、激しくせき込むようなせきではなかったのですか。
緑川　いえ、そんなんじゃありません。
菊池　17日にね、由佳さんは呼吸がゼーゼー、ヒーヒーいうようなことはなかっ

たですか。
緑川　いえ，そんな症状はなかったと思います。
菊池　そうですか。カルテには，花巻医師から陵南総合病院への報告として「喘鳴あり」と記載されているんですが，これは，あなたが花巻先生におっしゃたことではないのですか。
緑川　……いえ，わたくしは，花巻先生にそういうことを申し上げた覚えはございません。
菊池　記憶にはないということですね。
緑川　……。
菊池　16日の夜か，17日に由佳さんを医者に診せなかったのは，なぜなのですか。相当に具合が悪かったのではないですか。
緑川　……確かにもう少し早く病院に連れていけばよかったのかもしれません。その時は，それほど悪いようには見えなかったものですから。17日には幼稚園にも行けたくらいですから。
菊池　そうですか。では，18日にね。夕方まで医者に連れていかなかったのには，何か理由があるのですか。
緑川　いえ，その朝は，割と元気そうで，医者に行くほどでもないと判断しました。
菊池　それでは，18日夜の病室での状況ですが，看護師が3回，中之条医師が1回，巡視，回診に来たと言われたのですが，間違いありませんか。
緑川　はい，間違いありません。
菊池　おかしいですな。わたくしどもへの報告では，看護師の巡視が5回，医師の回診が1回となっているんですがね……。
緑川　いえ，そんなことはありません。
菊池　だけど，あなたは3時に寝入ってしまったんでしょう。眠っている間のことも覚えているのですか。
大曲　裁判長！　異議あり。本人は3回と言っているのですから，そんな質問は本人が記憶していないことを強要するものです。

　裁判長は，一瞬対応に窮した。菊池も，意表を衝かれたように裁判長の対応を待った。やがて，菊池は，おもむろに緑川に「あなたは，眠り込んでいたのですか」と聞き直した。大曲は自分側の証人や本人に，一呼吸の余裕を与えるように時々「異議あり」を使った。

緑川　寝たと言いましても，付添人用のふとんで横になってちょっとウトウトとした程度で，眠り込んだというものではありません。病室にどなたか入ってこられたらすぐ起きられる用意がありました。現に，5時と6時に看護師さんが来られた時は，すぐ起きましたから。
菊池　おしっこのことですがね。あなたは2回目のおしっこは看護師がそのまますぐ捨てたようなことを言われましたが，間違いありませんか。
緑川　ええ，看護師さんはすぐトイレに持っていって，ジャーと水を流す音がしましたから。
菊池　看護師がトイレに尿を持っていって，そこでどういうことをしたかを，あなたは見ていたのですか。
緑川　見てはおりません。ジャーという音がしたので，捨てたのだと思いました。
菊池　そうですか。それからね，由佳さんが亡くなられた直後に，病院から解剖の話がありませんでしたか。
緑川　ありました。
菊池　中之条医師からですか。
緑川　中之条先生ではありません。名前は存じませんが，あとから内科部長の先生ということを聞きました。
菊池　あなたは，解剖を承諾しましたか。
緑川　いえ，由佳がかわいそうで，とても解剖する気にはなれませんでした。
菊池　由佳さんは，4歳6ヶ月で13キロという体重になっていますが，間違いありませんか。
緑川　確かに，やせて背も小さかったです。
菊池　医者から虚弱体質と言われたことはありませんか。
緑川　そんなことはありません。ずっと元気でしたし……

● 裁判長の補充尋問
裁判長　私のほうから，2，3伺いますが，由佳さんがはじめにお腹が痛いと言っていた，そのお腹の場所ですが，どのあたりかわかりますか。
緑川　……。
裁判長　例えば，下腹とか胃のあたりとか。
緑川　お腹でも，だいぶ上のほうのようでした。
裁判長　今までにそういう症状になったことはありますか。
緑川　顔が黒っぽくなって，息苦しくするようなことは，これまではなかったです。

裁判長　花巻先生は，こういう病気あるいはその疑いがあるから，入院させたほうがよい，というようなことをあなたに言われませんでしたか。
緑川　はい。そこまではおっしゃいませんでした。ただ，入院させたほうがいい，と言われただけのように思います。
裁判長　花巻先生は，気管支喘息に対する措置を講じたが改善する様子がないので，入院させる必要がある，とは説明されませんでしたか。
緑川　はっきりと覚えておりませんが，そういうことを説明されたようにも思います。ただ，私は由佳の様子がおかしいので，動転しておりましたので……
……（以下略）……

31　深町美津子の証言

その証言記録の中から，重要と思われる部分だけを抜き出す。

草津　9月18日から19日にかけての，あなたの陵南総合病院での勤務は，どのようなものでしたか。
深町　18日夜から19日の朝にかけて小児科の夜勤でした。
草津　正確に時間で言えば，夜何時から何時までですか。
深町　夜12時から翌朝8時までです。
草津　そうすると，緑川由佳さんが救急車で運ばれた時は，まだ勤務はされていなかったのですね。
深町　はい。
草津　その時に，ここにいる緑川和子さんに問診したのは，あなたではないのですね。
深町　看護師は問診しません。予診はしますが。いずれにしても，わたくしではありません。
草津　あなたが勤務についたとき，緑川由佳について中之条先生から何か指示がありましたか。
深町　重篤であるので十分慎重に，と指示されました。
草津　症状については，いかがですか。
深町　特にありません。
草津　気管支喘息である，という診断をされたのではないですか。

深町　そういうことは聞いておりません。
草津　術後にパッチがはずれたトラブルかもしれない，ということについては，いかがですか。
深町　それも聞いておりません。
草津　緑川由佳さんのところに巡視したのは，何回でしたか。
深町　わたくしは，午前1時，3時，4時，5時，6時に回りましたから，5回です。
草津　午前1時の巡視の時は，由佳さんはどういう状態で，あなたは何をどういうふに見ましたか。
深町　尿検査のコップをお母さんから受け取って，点滴の状態を確かめました。
草津　その時に，付き添いのお母さんである緑川和子さんから，あとのおしっこは捨てていいかと聞かれませんでしたか。
深町　聞かれたかもしれませんが，その時はわたくしが受け取って，量を計り，50ccほどビーカーにとってあとは捨てました。
草津　おしっこをビンにためておいてくれ，とは指示しなかったのですね。
深町　そのような指示はしなかったと思います。
草津　尿について，特に中之条医師から指示はありましたか。
深町　はい，1回目は紙コップにとって尿検査をし，量を計って50 ccほどとっておいてくれ，と言われました。
草津　午前3時と4時の時に，由佳さんはどういう状態でしたか。
深町　別に変わった点はありませんでした。
草津　どうやって顔色を見たのですか。部屋は相当暗かったようですが。
深町　ベッドに近づいてのぞきこみました。
草津　懐中電灯か何かで照らしたのですか。
深町　いえ，そこまではしておりません。ほかに患者さんもいましたし。
草津　ところで，看護日誌には，「のどが痛いというも再眠す」と書かれているのですが，のどが痛いというのは間違いありませんか。
深町　はい。
草津　付き添いのお母さんは，のどが痛いといったことは1度もない，と言っているのですが，「のどが痛い」ではなく「腕が痛い」の間違いではないのですか。
深町　いえ，わたくしは「のどが痛い」と聞きました。
草津　それからね，看護日誌には，患者は，「お茶をはっきりした言葉で要求し，ソリタ水20 ccを飲ませたが，嘔吐もせず入眠した」と書かれておりますが，由佳さんが直接あなたにお茶をくれと言ったのですか。

深町　……いいえ，お母さんがお茶を欲しがっている，と言われました。
草津　由佳さんがお茶を飲んで，「嘔吐もせず入眠した」ということも，あなたが確かめたというか，自分が確認したことですか。
深町　5時の巡視の時に，眠っているのを確かめております。
草津　あなた，5時に巡視したと言われますが，ほんとうに5時に病室に入って由佳さんの状態を見たのですか。
深町　ええ，見ました。
草津　5時の巡視の時は，付き添いのお母さんに体温計を渡しましたね。
深町　はい。
草津　ほかに，由佳さんについてその時にしたことはありますか。
深町　眠入っておりましたので，点滴の状態を確かめるくらいで何もしませんでした。
草津　その時にすぐに熱を計ってくれ，とも言わなかったのですか。
深町　6時の巡視の時に，熱は記録しますので，それまでに計ってほしい，と申しました。
草津　そうすると，5時の巡視は，入院患者一般に行われる巡視で，特に由佳さんについて指示があったものではないのですね。
深町　はい。そうです。
草津　あなたは，中之条医師に由佳さんの状態について何か報告しましたか。
深町　はい。
草津　何時頃でしたか。
深町　4時過ぎでした。
草津　中之条先生はその時，どこにおられて，どういう方法で報告したのですか。
深町　中之条先生から，この患者さんについては特に注意しておいてほしいと言われておりましたので，先生のお部屋に電話で連絡しました。
草津　どういうふうに報告したのですか。
深町　午前4時の状態は変わらず落ち着いている，と申しました。
草津　あなたは4時には暗い中で患者をちょっと見ただけで「状態は変わらず落ち着いている」，と報告したのですか。
深町　状況は，だいたいわかっておりましたので。
草津　そうですか。5回目の6時の巡視の時は，由佳さんの容態が急変していた時ですね。その時は，あなたはどういうことをしたのですか。
深町　熱とお茶の量を知りたいと思って行ったのですが，ぐったりしていて様子が

変でしたので，聴診器をあててみましたら，呼吸が停止しているふうでした，それで，すぐに中之条先生に連絡しました。
草津　ところで，あなたは中之条先生とは，どういうご関係ですか。
深町　……どういう意味でしょう。中之条先生は医師，私は看護師です。
草津　それだけですか。
深町　……何をお聞きになりたいのでしょうか。
草津　あなたと中之条医師とは，特別に親密な関係にあったのではありませんか。あなたが被告病院をお辞めになった理由は，何ですか。
菊池　異議あり，裁判長。そんな質問は本件とは関係ありません。根拠もないセクハラです。
裁判長　証人は答えなくてよろしい。原告代理人，質問を変えてください。
草津　そうですか。それでは，その点は結構です。私のほうは，これで終わります。
大曲　私のほうから1点伺います。
裁判長　どうぞ。重複は避けて下さい。
大曲　はい。深町さん，あなたは中之条医師から重篤である，と言われたとおっしゃいましたね。
深町　はい。
大曲　しかし，重篤であれば，それに見合った処置と体制がとられなければならないはずですが，今伺った経過ですと，一晩様子を見るという程度ですね。
深町　尿検査や呼吸状態を含めて，慎重に対応したつもりです。
大曲　患者がどういう病気の疑いがあるから，重篤なのですか。
深町　私にはわかりません。
大曲　病名もわからないのに，重篤ということがあるのですか。
深町　あると思います。
大曲　あなたは本当に中之条医師から「重篤である」と伝えられていたのですか。
深町　はい……そう指示されておりました。
大曲　重篤だから，何について注意しなさいという指示はなかったのですか。
深町　……いま申し上げたことです。
大曲　そうですか。終わります。

　裁判長がおもむろに被告側に顔を向けて，何かを求めるようにうなずいた。それを合図とするように，被告代理人の菊池弁護士は，深町が落着きをとりもどすための間合いをとるように，ゆっくりと証人に近づいた。

菊池　それでは，次に私のほうから，2，3お尋ねします。まっすぐ裁判長のほうを向いて落ち着いてゆっくりと答えて下さい。……あなたは，看護師歴は12年ですね。陵南総合病院に何年勤められましたか。

深町　約7年です。

菊池　その間に，あなたが看護した患者さんの側から，看護や治療についてクレイムを受け，トラブルになったことはありますか。

深町　亡くなられた患者さんのご遺族から，治療について質問や苦情をいただいたことは，何回かあります。ですが，今回のように裁判にまで持ち込まれたのは，わたくしが担当した患者さんでははじめてです。

菊池　ところでですね，緑川由佳さんの容態の急変は，あなたが巡視されている時，ある程度予測できましたか，それとも突然のことと受け取りましたか。

深町　もちろん予想外のことでした。

菊池　中之条先生からは，この患者さんのことについては何か指示がありましたか。

深町　特にはございませんでしたが，緊急入院患者ですから普通の患者さん以上に気をつけなければならないことは，指示されるまでもありません。すぐに連絡をとれる態勢にはなっていました。

菊池　この患者さんの容態については，緊急に入院してきたことでもあるので，特にこの点に気をつけておいてほしいと言われたことはありませんか。

深町　チアノーゼの状態に注意してほしいと言われたこと，尿のこと，それから何かあったらすぐに連絡してほしいと言われていました。

菊池　具体的な治療については，中之条医師にお尋ねすることにしますが，中之条医師は本件について何か言っておられましたか。

深町　とにかく残念そうでした。

菊池　残念，ということはどういう意味ですか。

深町　患者さんが亡くなられたことと，それに，あの状況の中では尽くすべき手は尽くしたのに，訴訟まで起こされた，ということについてだと思います。

●裁判長の補充尋問

裁判長　それでは，わたくしから2，3伺います。あなたは，花巻医師からの紹介状をご覧になったことはありますか。

深町　患者さんが入院されていた時はありません。

裁判長　入院当時は，由佳さんの診療録についてはなかったのですか。

深町　はい。ついてなかったです。

裁判長　それでは，いつ，紹介状を見たのですか。
深町　裁判になってからです。

32　被告中之条猛の供述

●入院時の診察

菊池　患者の緑川由佳さんはどういう状態で病院に来たのですか。
中之条　マスクで酸素吸入をやりながら，点滴がついていました。救急隊の方だと思いますが，一緒に見えまして，病棟の処置台に寝かしてもらいました。花巻先生も救急車に乗って付き添ってこられました。
菊池　先生はそこではじめて患者を見たわけですか。
中之条　はい，来た時には非常に，酸素が嫌だとか，点滴をはずせとか，そういうようなことを言って，処置台の上でもむずかっていたわけです。
菊池　それで，先生は，それに対してどうされたわけですか。
中之条　ちょっと酸素をはずしてやるとおとなしくなったということです。
菊池　酸素をはずしたら，患者の状態はどういうふうになったんですか。
中之条　おとなしくなったということです。
菊池　それから先生はどういうことをしたわけですか。
中之条　花巻先生の紹介状を見ながら診察しました。
菊池　（裁判官のほうを向いて）甲Ａ第2号証の1（診療録）を示します（それを中之条に渡す）。これは，先生が書かれた緑川由佳の診療カルテですね。
中之条　はい，そうだと思います。
菊池　その診療をされた時，患者はどのような様子でしたか。
中之条　えーと，意識はしっかりしているが，呼吸の状態がおかしい。喘鳴があって……，「喘鳴」というのは，ゼイゼイということですが，それから肩で呼吸をし，息が苦しそうでした。
菊池　そういう状態があったわけですね。
中之条　はい。それから，唇にチアノーゼがあり，笛声，ギーメンというんですが，笛の音みたいにピーピーとかギーギーとか，そういうのが聞き取れました。
菊池　喘鳴が聞こえるというのは，どういう状態ですか。
中之条　一般には，喘息のときに多い症状です。それから，心音は「奔馬調」といいまして，馬が走るような音がありました。

菊池　それは，どういうときにそうなるのですか。
中之条　心臓の打ち方が強くなったときに聞こえるもので，まあ心不全のときに聞こえますし，特殊な心臓の病気のときにもそうなりますし，軽いのであれば，子供では熱が高いときにも，そういうことがあると言われています。それから，肝臓が腫れていたということ。
菊池　肝臓が腫れるというのは，どうして生じるのですか。
中之条　心臓との関係では，心臓のポンプの力が弱まって，肝臓にうっ血が生じたときということになりますが，そのほかの場合で肝臓が腫れるということもあります。
菊池　それだけですか。
中之条　えーと，向こうから持ってきたレントゲンを見たんですが，心臓がやや大き目で，肺気腫状が認められ……肺気腫状というのは，肺に空気が入って出にくいため，肺に空気が溜まった状態で，これは気管支喘息に多い症状ですが……。
菊池　その後はどうなさいましたか。
中之条　その後，心電図をとったと思います。
菊池　（裁判官に向かって）甲A第2号証の4（心電図）を示します（中之条に心電図を渡す）。これが，その時とった心電図ですか（中之条；うなずく）。これから，どのようなことがわかるのですか。
中之条　この，とんがった山のところが割れています。これは，心室が収縮するときの動きがおかしいからで，心臓の流れが「右脚ブロック」だということです。「右脚ブロック」というのは，説明するのは難しいんですが，まあ簡単に言えば，心房から心室へ行くのに枝が分かれており，それを「脚」というわけです。脚が3つありまして，左へ行くのが2本ありまして，前へ行くのと後ろへ行くのと，それから右へ行くのとがあります。「右脚ブロック」というのは，右へ行くのがブロックされているということなんです。
菊池　それがブロックされていると，どうなるのですか。
中之条　心臓の収縮の順番が，左側からはじまって右へ回ってくるということです。いっぺんにうまくいかないということになるわけです。もっとも，通常は，これ自体だけでは問題はないんですが。
菊池　それから先生はどうなさったのですか。
中之条　その頃看護師さんがお母さんから予診をとっていたと思います。それを待ちまして，お母さんと話をしました。
菊池　お母さんが，先生の問診は受けていないというようなことを言っておったん

ですが，その点はどうでしょうか。
中之条　ぼくは結構時間をかけてお母さんと対応したつもりですが。
菊池　先生はお母さんにどういう説明をしたのですか。
中之条　花巻先生から一つは喘息体質と言われたわけです。それから，心臓の手術を受けたということも聞きました。現在ある症状が，その両方が混在しているような症状があるわけですね。問題は，どっちが主役かということですね。で，その前に，花巻先生のところの処置がいわゆる喘息の処置もあり，心臓の処置もはじまってたわけです。だから，まあ両方が重なったとしても，一応両方の治療がやってあるわけですから，安定してるんだったら，今少しそっと見ていこうということを説明したわけです。
菊池　結局，まあ注意深く様子を見ようということになったわけですか。そういう説明をしたわけですね。
中之条　はい。

●病室へ移してからの処置
菊池　患者を病室に移してから，先生はどうしたわけですか。
中之条　心電図を張り，カルテをまとめながら，排尿があるのを待っていました。0時15分に看護師さんが「あった」ということで，アセトンを調べました。
菊池　それでどうだったのですか。
中之条　陽性でしたが，たいしたことではありませんでした。
菊池　その検査をされたあと，先生はどうされたわけですか。
中之条　その後にもう一度診察に，病室に行っておるわけです。
菊池　それは何時頃でしょうか。
中之条　0時半頃だと思いますけれども。
菊池　その時の患者の状況は，どんな状態でしたか。
中之条　処置室の最後の頃と変わらないという感じでした。いわゆる呼吸困難の状態とか，喘鳴の状態とか，顔つきとか，変わらない状態だったわけです。
菊池　そこで患者のお母さんとは話をされましたか。
中之条　はい。お母さんが「大丈夫でしょうか」と聞かれました。
菊池　それに対して，先生はどういうふうに答えたんですか。
中之条　比較的安静にしているというんですか，それほど苦しそうにしていないので，状態が悪くなってるということじゃないでしょう，心配ないでしょう，というようなことを言ったわけです。

菊池　病室には，どのくらいおったんですか。

中之条　数分だと思いますけども。

菊池　それで，その後はその病室を出てからどこへ行かれたんですか。

中之条　1時少し過ぎまでは看護師さんの詰所にいまして，それから，病棟のほうへ行きまして，病棟の2階の当直室で看護師の深町さんに様子を聞いたわけです。

菊池　どういうふうな話をしたわけですか。

中之条　先ほどとあまり変わらないということですね。で，お茶も欲しいというようなことを言っているというようなことで，それならば悪くなってないんじゃないかなと思いまして……。

菊池　それで……。

中之条　仮眠したわけです。

菊池　起こされたのはいつですか。

中之条　あとから考えまして，6時ぐらいだったと思います，すっとんで病室へ行きました。

菊池　その時はどんなことをしたわけですか。

中之条　呼吸をしてないというような感じでしたし，顔色も悪かったですから，とても病室じゃ処置ができないと思いまして処置室へ……隣りの部屋ですから抱いて走っていったんです。自分で抱いて処置室の処置台へ連れてきまして，人工呼吸とか心臓マッサージをやりながら，ほかの指示をして処置を増やしていったということです。

菊池　お母さんから解剖を断られたということですが，解剖しなければいけない理由が何かあったのですか。

中之条　当然，最後は心不全であったにしても，心不全の原因がはっきりしないわけですね。だから，僕の頭には，喘息と心臓のトラブルが常につきまとったわけですけれども，どっちが主役かということははっきりしなかったですし，喘息だけで亡くなるにしては，ちょっとあわないから，心臓がやっぱり関係しているんじゃないかという感じがしましたので，手術後の経過がよかったと言われていた心臓に，この時点で何か起こったのではないかと疑ったわけです。

菊池　ところで，緑川由佳さんが入院された当日の夜ですが，ほかに緊急患者がありましたか。

中之条　はい。夜の11時過ぎに，熱が高く嘔吐が止まらない11歳の男の子が運び込まれてきました。食中毒でした。

菊池　先生は，その患者さんにも処置しなければならなかったのですね。

中之条　はい。手当てをして，やはり入院させました。
菊池　ところで，本件の患者緑川由佳さんはどういう症状のためにあなたの病院へ入院させることになったと，当時診ておられたんですか。
中之条　電話を受けた時ですか。
菊池　もっと端的に伺いますと，気管支喘息があったからきたと思っておられたのですか。
中之条　いや，電話で聞いた時は，呼吸の異常と肝臓が腫れておるということですね。それで，病院に見えた時は，当然向こうで気管支喘息の治療はされて，セジラニドの点滴がなされておると，そういう形になっておりまして，それから，予診で，喘息の気があると言われたということと，心臓の手術をされたということで，両方を考えて対処したということです。
菊池　両方というのは，一つは気管支喘息と，それから，ほかは心臓の手術がなされているということですか。
中之条　はい。手術後のトラブルがわからんわけですけれども……。お母さんに聞いたところ，心臓の手術をされたあと，非常に経過がいいと言われていたということなんですけれども。だから，その時点では，喘息を主体に考えたかったんですけども，患者の状態は喘息だけでは説明がつかないということもありましたんで。
菊池　もう一度確認しますと，気管支喘息を疑い，しかし，気管支喘息では十分に説明がつかないから，心臓の手術後のトラブルを考えざるを得なかったと伺ってよろしいですか。
中之条　はい，そうです。
菊池　気管支喘息の治療として，どういうことがなされていたのですか。
中之条　花巻医院でサルタノールだったと思いますけれども，サルタノールという薬の吸入と，アクシゾン……名前……あれですけれども，副腎皮質ホルモンが使ってあります。これらは，喘息に対する処置です。輸液がはじめられたということもそうです。
菊池　サルタノールというのは何ですか。
中之条　気管支拡張剤です。
菊池　気管支喘息だから気管支拡張剤が使われたと，理解してよろしいですか。
中之条　はい，そう思います。
菊池　気管支拡張剤が使われれば，普通は楽になるんですか。
中之条　楽になる場合もあり，効果が非常に悪い場合もあります。

菊池　効果が非常に悪いという場合は，どういう場合ですか。
中之条　やはり，喘息が重症であった場合です。
菊池　そうすると，由佳さんは気管支拡張剤のサルタノールが使われておりましたが，効果はあったと思われましたか。
中之条　僕のところへ来たときに，少しよくなってるというようなことを向こうの先生が言われたから，ある程度効果があったんじゃないかと思ってます。

……以下，主尋問省略……

●原告代理人の反対尋問

大曲　もう1度，花巻医師からの入院依頼の時の状況を伺いますが，はじめに電話が掛かった時は，どう言われたんですか。
中之条　入院が必要だと思うから引き受けてください，ということです。
大曲　その時には，気管支拡張剤を使ったら少しよくなったと言われたんですか。
中之条　はい，よくなってそれで連れてくるまで時間が長引いたようなことを言われたと思います。
大曲　はっきり言われたんですね。
中之条　はい。
大曲　で，病院に来られた時には，どういうふうに言われましたか。
中之条　来られた時にもそう言われました。連れてくる前よりよくなったと……。
大曲　何が少しよくなったんですか。
中之条　気管支喘息です。
大曲　そうすると，終始，気管支喘息を疑っておられたわけですか。
中之条　気管支喘息がやっぱり引き金になり，基礎にあるということは考えていました。
大曲　うっ血性心不全というのがありますね。
中之条　はい，ありますけれども。
大曲　うっ血性心不全を疑われることはなかったんですか。
中之条　はい，単独では疑ってません。ほかの症状と一緒にきて，心臓に負担がかかって肺炎のような症状になることはありますが。
大曲　うっ血性心不全は疑われなかったんですね。
中之条　心臓からある程度肺の症状もくるんじゃないかということは完全には否定していなかったと……。
大曲　それから，利尿剤の件でお尋ねするんですけれども，気管支喘息の場合は水

分がいるということが言われておりますが，うっ血性心不全の症状を疑われた場合は，利尿剤のことはどうなるんでしょうか。

中之条 それが完全に決めかねるから，中間的な治療になるわけです。

大曲 質問に答えて下さい。うっ血性心不全のときは，水分を多く与えるのですか。

中之条 水分は控え目です。

大曲 花巻医院から電話が来ました時には，呼吸困難と肝臓が腫れているという連絡があったわけですね。

中之条 はい，そうです。

大曲 呼吸困難と言われるものは，どういう場合の症状を言うんですか。どういう場合に生じるんですか。

中之条 肺炎があるときにありますし，気管支喘息でもあります。当然，心臓の場合にも起こるわけです。

大曲 肝臓が腫れているというのは，医学的には何と呼ぶんでしょうか。

中之条 肝腫大です。

大曲 肝腫大というのは，どういうふうなときに起きるのでしょうか。

中之条 心臓の拍出力が弱って，肝臓にうっ血が起こる場合，またはその他ですね。

大曲 心臓のポンプ力が弱って，肝臓がうっ血するということですね。

中之条 はい。

大曲 そうすると，肝臓が腫れているという電話での連絡があった時には，何をお考えになったでしょうか。

中之条 やはり心臓のことも考えたわけです。

大曲 で，当日22時頃に，花巻医師が患者を連れてきた時に，情報を詳しくお聞きになりましたか。

中之条 いいえ，突っ込んだ話はしてません。

大曲 どうして詳しい話をなさらなかったんでしょうか。

中之条 いや，紹介状に書いてありましたし，それを見て，診察して，特に花巻先生もつけ加えることもなさそうな顔をしておられましたから……。

大曲 せっかくそれまで……午後5時頃からずっと診てきた医師が，わざわざ患者を連れてきたんですけれども，あなたとしては，これまで担当された花巻医師に，いろいろと詳しく話を聞こうということはお考えにならなかったんでしょうか。

中之条 その紹介状，結構詳しかったですし，状態の簡単な説明は花巻先生からなされましたから，それ以上は，その時は考えなかったです。

大曲 その紹介状は，本件訴訟に提出されていないのですが，どうしてですか。

中之条　そうですか。弁護士の先生が判断されて，提出の必要性がない，ということだと思います。カルテがありますし。

大曲　あなたのおっしゃるところにしたがって，ほかの症状と合併してうっ血性心不全の症状が出たといたしますと，そのときには，酸素は絶対に必要なんじゃないでしょうか。

中之条　酸素が必要だということはわかりますけれども，酸素をやって効果がなくて，かえって本人が大騒ぎして，チアノーゼが全然とれないんじゃ意味がないということです。来た時は，チアノーゼはとれてなかったです。

大曲　必要であれば酸素を供給するということが，治療の手順ではないんですか。かりに，大騒ぎをしても，大騒ぎをしないように処置をして，そして，酸素がいるなら酸素を吸入するということが必要なんじゃないですか。

中之条　大騒ぎをしないように処置をするって，どういうことを考えられてるわけですか。

大曲　例えば，酸素マスクのあて方が悪かったために，子供が嫌がったかもしれないし，あるいは，母親にもっと十分な監視を依頼して，酸素を供給することだってできるわけですから……。あなたとしては，やろうというお気持ちがなかったのではないかということを伺うわけですが。

中之条　無理してやらないほうが，むしろあの状態の場合にはいいと思ったわけです。

大曲　ということは，うっ血性不全による呼吸障害には，ほとんど意を用いてないということになるんじゃないですか。

中之条　うっ血性心不全はちょっと知りませんけれども，心臓でチアノーゼがきても必ずしも酸素が全部効果があるわけじゃありませんから，例えばパッチがはずれて血液の流れがおかしくなった場合には，チアノーゼが酸素投与だけでとれるということにはならないという場合もありますので，そういうこともあるということだけです。

大曲　そうすると，本件はパッチがはずれたと診ておられたわけですか。

中之条　それはわからんわけです。

大曲　診療録に気管支喘息と出てくるところから考えまして，気管支喘息という疑いをもたれていたんではないですか。

中之条　その時点では，臨床的にそう判断するしかしかたなかったんですね。

大曲　どういう症状から，あるいは気管支喘息だろうかとお思いになったんでしょうか。

中之条　その呼吸の状態と，やはり喘息の既住があるということですね。
大曲　喘息の既住があるというのは，誰が言ったんですか。
中之条　予診のところに出てくるわけです。問診のところにも出てくるわけです。
大曲　誰が，喘息の既住があると説明したんですか。
中之条　お母さんが言われました。
大曲　どういうふうに言われましたか。
中之条　喘息の気があると言われていると言われました。
大曲　誰から言われていると言われたんですか。
中之条　守口循環器医療センターの担当医師ですか。
大曲　そこで，喘息の気があると言われたということですか。
中之条　はい。
大曲　もし気管支喘息であれば水分を摂取することが必要になるんですか。
中之条　はい。
大曲　では看護師にそのことを指示されましたか。
中之条　いえ，してません。
大曲　そうすると，水分摂取のことも指示しておられないということであれば，水分を調節することについても指示しておられないということですか。
中之条　はい。
大曲　先生は，どれくらいの時間間隔で回診なさるおつもりでしたか。
中之条　重症であれば診察回数は多くなりますし，軽症であれば少なくなると思います。
大曲　本件の緑川由佳については，どうだったんでしょうか。
中之条　ちょっとあれですけれども……やはりこの場合は，朝，行く時ですね。
大曲　朝行くつもりだったんですか。
中之条　はい。
大曲　あなたは，母親に「現在の状態は重症である」と説明されましたか。
中之条　はい，しました。
大曲　にもかかわらず，恐縮ですが，主治医としては酸素も使っておられないし，水分摂取のことについても，意を払っておられたとは思えないんですが，どうでございましょうか。
中之条　……何度も言ってきましたが，重症でありながら，そこである程度安定して，そこから上向くのか，下向くのかが重要で，平行線をたどってきたような形になっていますから，僕としては夜中ですし，あまりじたばたしたくないと思っ

たわけです。

大曲　じたばたするかしないかにかかわらず，主治医としてはもっと頻繁に症状を確認しようとする努力をなさるべきではないんでしょうか。

中之条　セジラニドというのも，効果がある程度時間がかかって出てくるわけですし。

大曲　セジラニドは全部で何mg投与されたのでしょうか。

中之条　正確には覚えておりません。

大曲　花巻医院ではじめられた点滴の中には0.15mgが入っていたと言われていますが。

中之条　それならそうでしょう。最初の投与量は，通常それぐらいですから。

大曲　あなた自身は，本件患者に対してセジラニドを投与されてはいないわけですね。

中之条　はい。もっとも花巻先生のところでなされた点滴が病院に来てからも続けられていました。

大曲　その点滴は何時頃からはじめたのかということは確認されましたか。

中之条　来る少し前，ということを聞いたように思っております。

大曲　何時に終わったんですか。

中之条　11時です。

大曲　来る少し前というと，9時半頃ですか。

中之条　ちょっとわからないんです。正確には聞いておりません。

大曲　点滴は量としてはどれだけ入っていたということになりますか。

中之条　200ccぐらいです。来た時に点滴を見ましたら，あと，50ccしか残ってなかったと思います。

大曲　9時半から11時までの1時間半の間に200ccしたんですか。

中之条　搬送の間に比較的速く入ったんじゃないかと思います。

大曲　心臓が弱いということになったら，点滴の量というのは調節するのに神経質にならなければならないんじゃないんですか。

中之条　僕が気づいた時から遅くしました。

大曲　本当に11時に終わったんですか。

中之条　終わりました。

大曲　一応，気管支喘息の手当てはしてあるし，セジラニドも入っているので，注意深く様子を見ることにしたということですが……。

中之条　はい。

大曲　注意深く見るというのはどういうことですか。
中之条　そういうことを言ったことの意味は、お母さんに注意しておいてほしいという意味もありましたし、……看護師さんに指示して呼吸状態なんかを見てくれということもあります。
大曲　看護師には、呼吸状態を見てくれと言ったんですか。
中之条　はい。チアノーゼとかそういう変化を見てくれと指示してあります。
大曲　母親には？
中之条　具体的な言葉では言ってません。注意深く様子を見ましょうと言ったんです。
大曲　お母さんには、どうしてほしいということは言わなかったんですね。
中之条　はい。
草津　あなたは、花巻医師からサルタノールを使ったら、容態が少し改善したという報告を受けたとおっしゃいましたね。
中之条　はい。
草津　セジラニドを投与したら、容態が改善したと報告されたのではないですか。
中之条　私は、サルタノールで気管支喘息が改善したと受け止めました。
草津　それは、花巻医師が口で言われたのですか。紹介状に書いてあるのですか。
中之条　紹介状ではなく、連れて来られた時そう言われたように記憶しております。
草津　（甲A第8号証を見せます）。これは、花巻医師から聴き取ったことを私がまとめたものですが、ここでは容態が改善したのはうっ血性心不全が改善したのであり、ゼジラニドが効いている、と報告されたと言われているのですが。
中之条　……それは私の認識とは違います。

●裁判長の補充尋問

裁判長　死因について伺いますが、この心不全というのはうっ血性心不全ということではないのですね。
中之条　はい、直接の死因は、心臓にトラブルが生じたのではないか、という意味です。
裁判長　最後には、心臓が止まって亡くなった、その程度の意味ですか。
中之条　いや、そうではありません。
裁判長　実質的な死亡の原因については、先生はどのように診ておられるのですか。
中之条　先ほども申しましたように、決め手になる原因がわかりかねるのです。また、実際の症状では、あれかこれかという一つではなく、いろいろな症状が重な

って，悪化を招くことがありますし。
裁判長 本件の場合には，治療にあたられた先生としては，死因についての確たるお考えをおもちではないのですか。
中之条 いえ，ですから先ほど申しましたように，気管支喘息が心臓への負担をもたらし，もともと手術後に問題のあった心臓にトラブルを生じた，という可能性が高いのではないかと思います。
裁判長 そうすると，気管支喘息が実質的な死亡原因であると……。
中之条 背景にはその可能性があるということで，解剖もしておりませんので，はっきり申し上げることができないのです。
裁判長 花巻医師から，セジラニドを投与して容態が少しよくなったと説明されましたか。
中之条 ……そういう説明はなかったように思います。

　中之条の尋問が終わったあと，岡田裁判長は，原告から申し立てられている紹介状の文書提出命令の申立てにつき，どうするか合議するので，10分間の休憩をとりたいと申し出た。3人の裁判官は，退室してドアの後ろのテーブルで合議した。岡田が，「本日の尋問の経過からは，あえて提出命令をかけなくても，原告の立証は一応できているし，被告が出さないのであれば，反証が乏しいということで認定すればよいので，文書提出を求めた原告の不利益にならない」と切り出すと，2人の裁判官もうなづいた。休憩後の開廷で岡田は，「原告から申し立てられている文書提出命令につきましては，この段階では必要ないと判断します」と告げた。

【第6章 解説】

(1) 証人尋問と本人尋問

　事件に関する事実関係について，自分が体験したことを報告する人（第三者）が証人であり，その人から法廷で事実関係を聴き取る手続が，証拠調べとしての証人尋問である。通常の訴訟では，当事者が証人を調べることを申請し（証拠申請），裁判所がそれを必要と判断したときに，その証人についての証拠調べが行われる（民訴180条・181条）。

　わが国の裁判権に服する者であれば，原則として誰でも証人として出廷して自分が体験して知っている事実を証言する義務があり（民訴190条），理由なく出廷しなかったり，証言や宣誓を拒絶すれば，制裁が科せられたり，勾引といって，強制的に引っ張ってくることもできることとされている（民訴192条〜201条）。嘘の証言をすれば偽証罪として処罰される（刑法169条）。

　当事者本人が述べることを事実認定の資料とすることもできる。この場合の当事者は証拠である。当事者を証拠として調べる手続を当事者尋問または本人尋問という。本件では，原告緑川和子および被告中之条猛の尋問がこれにあたる。当事者尋問の手続は，ほぼ証人尋問と同じである（民訴210条）が，出廷しないことや虚偽の陳述をすることに対する制裁は証人の場合と異なる（民訴208条・209条）。

　当事者本人と証人との両方が調べられる場合には，証人尋問から先に行うのが原則であるが，適当と認めるときは，当事者本人の尋問を先に行うことができる（民訴207条）。本件でも先に当事者尋問が行われている。

(2) テレビ会議・電話システム

　遠くの地に居住する証人にわざわざ受訴裁判所に出廷してもらわなくても，近隣の裁判所に出向いてもらって，テレビの映像による送受信装置を使って尋問を行う方法が，テレビ会議システムと言われるものである（民訴204条，民訴規123条）。当事者本人の尋問や鑑定人尋問にも利用できる（民訴210・215条の3）。

　証拠調べではなく，弁論準備手続において，当事者が遠隔の地に居住しているときは，両当事者（代理人）と裁判所とが同時に電話（トリオフォン）によって通話する方法で手続を行うことができる（民訴170条3項）。これを電話会議システムという。当事者の一方は，裁判所に出廷し，他方はどこにいてもよい。

　これらの先端の機器を使っての弁論，証拠調べは，確かに便利であるが，テレビの映像や電話の声だけによる対話は，「その場で，互いに五感の作用をフルに活用しながら直接話をする」という口頭弁論の本来の趣旨からは，遠いものがある。したがって，あまり気軽に使われたり，濫用されたりすることがあってはならない。

　なお，当事者ではなく代理人が遠隔地にいる場合に，電話会議システムを使うことが

できるかは問題である。

(3) 尋問の方式

尋問は，まずその申請をした当事者が行い（主尋問），そののち相手方が尋問し（反対尋問），最後に必要とあれば裁判長が補充尋問をするというのが原則である（民訴202条1項）が，この順序を変更することもできる（同条2項）。これを交互尋問方式という。当事者が主導するこの方式（アメリカ型）は，尋問が当事者の訴訟活動の一部であることからみて，裁判官主導型（ドイツ型）より優れているとされる。

ただし，実際上，反対尋問を効果的に行うには困難が伴う。主尋問では証人や本人と事前に十分な打ち合わせを行えるのに対し，相手方はその人に接触して供述内容を知るのが難しい。まして専門知識を要する医療関係事件，特に原告側による被告医師への反対尋問では準備に相当の時間と労力を要する。そのため，主尋問から相当の期間後に反対尋問を行うなど，人証調べには長期間を要していた。

そこで，最近の実務では，証人や本人が述べる内容をあらかじめ「陳述書」（第5章解説(4)，本文104頁参照）として提出し，これによって相手方が反対尋問を準備できるようにするとともに，法廷での主尋問を短縮したり，これに代える扱いが頻繁に行われている。その結果，一般事件はもちろん医療関係事件においても集中証拠調べ（民訴182条）が実践されるようになっている。しかし，証人らの陳述に弁護士が手を入れる一方的な作文を証拠として用い，本来口頭によるべき交互尋問を書面化することは，反対尋問の保障にはならないとの学説の批判がある。

このような問題への一つの対処方法として，証人や当事者本人がひとりずつ別個に尋問を受けるのではなく，複数人が同時に質問に答え，場合によっては互いに議論する方式（対質）がある（民訴規118条）。証人らが直接に対決するこの方法によれば，尋問の緊迫感が生まれる。さらには，裁判ではほとんど対峙する場のない紛争の当事者同士が現に対面することで，事件の真相を明らかにするというよりも，紛争処理の契機となるという意義がある。

なお，本文では緑川の証人尋問の間，深町は別室で待機することとされているが，対質を実施しない場合であっても，深町を緑川の証人尋問の間，退席させずに在廷させておくこともできる（民訴規120条）。

(4) 文書送付嘱託

書証の申出をするには，自分で所持している文書ならそのまま提出すればよいが，他人が持っている文書については裁判所に文書提出命令か文書送付嘱託をしてもらうことになる。文書提出命令が，提出しようとしない文書の所持者に対し，提出義務があるとして出させようとする方法であるのに対し，所持者が任意に提出してくれそうな場合に，裁判所を通じて所持者に文書送付を依頼するのが，文書送付嘱託である（民訴226条）。

本件の守口循環器医療センターのように，訴訟で直接責任を問われているわけではない者には，これが有効である。この方法は，官公庁が保管している文書について行われることが多いが，私法人や私人に対してもすることができる。ただし，戸籍謄本など，当事者が法令により文書の正本または謄本の交付を求めることができる場合には，自分ですれば足りるので送付嘱託は認められない（民訴226条但書）。

　当事者による文書送付嘱託の申立てにつき，裁判所がこれを認める場合には，送付嘱託の決定をする。この決定に対して独立の不服申立ては認められていない。所持者が提出しない場合の制裁もない。所持者から裁判所に文書が送付されてきた場合には，当事者が必要な文書を特定して改めて文書を提出するのが，実務の扱いである。なお，文書送付嘱託は，平成15年の民訴法改正により，提訴前にも行うことができるようになった（民訴132条の4第1項1号）。

(5) 裁判官の交替

　審理の途中で担当の裁判官の全部または一部が交替することがある。定年に達したり，任期が満了し再任されなかったり，任意退職をしたりといった理由で，裁判官を辞めたという場合もあるが，そのような場合はわずかであり，交替の多くは，裁判官の転勤による。裁判官は，任官後20年を経過する頃までは，通常，3年ないし4年ごとに転勤を命じられている。このような転勤については，司法行政上の理由が主張されているが，事件の当事者にとっては，裁判官の交替は好ましくないというのが通常であろう。

　交替があった場合，いずれかの当事者から従来の弁論の結果を陳述することによって，それまでの弁論が全部活かされることになる。ただ，単独裁判官が交替し，あるいは合議体の過半数が交替した場合，当事者からの申出があれば，証人尋問をやり直さねばならない（民訴249条3項）。当事者尋問については，そのやり直しはできないというのが，判例の立場である。

第7章　鑑定と最終弁論

33　鑑定をめぐるやりとり
34　鑑定の準備と鑑定決定
35　鑑定の実施と鑑定書の提出
36　鑑定人質問
37　最 終 弁 論

33　鑑定をめぐるやりとり

　緑川と深町に対する尋問が終わり，双方の代理人に緊張が解けたかにみえたが，これでこの日の期日（第2回口頭弁論期日）が終了したわけではない。岡田裁判長から鑑定の問題が持ち出されたからである。
　「まだ中之条医師に対する尋問が残っていますが，鑑定をどうしますか。原告からは鑑定の申請が出ていますし，裁判所としましても，本件では専門家による鑑定を求める必要があると考えています」
　裁判所の方針ははっきりしていた。鑑定を行うことが，合議の結果として述べられ，次回までに裁判所から事前に鑑定人と鑑定資料，鑑定事項を双方の代理人にファックスで知らせるので，次回期日に双方からの意見を聴いたうえで，決定したいとの意向が示された。
　双方の代理人に異論がないのを確かめたうえで，「今の段階で，鑑定人につきまして，こういう人という，何かお考え，候補者がございますか」と水を向けた。
　菊池「私のほうは，鑑定までの必要はないと考えておりますので，何も考えておりません」
　草津「原告としては，ぜひ，小児の心不全についての専門的な知識，経験をお持ちの大学教授にお願いしたい，と考えています」
　菊池「それはおかしいでしょう。緑川由佳の死因をうっ血性心不全と決めてかかっているようじゃありませんか」
　大曲が発言しようとしたところで，岡田がとりなすように割って入った。
　「まあ，まあ。まだ，どなたと決まっているわけではありませんから。裁判所も十分に考えております。ただ，限られた人材リストの中から選びますから，双方ともにご納得いただけるとは限らない，ということはあらかじめお含みおき下さい」
　「ところで」と岡田は，菊池のほうに視線を向けて言った。
　「鑑定の費用の件ですが，本件は，原被告双方の申請による鑑定が望ましいと裁判所は考えています。被告からも鑑定申請をいただいたものとして，費用

は切半というわけにはいきませんか」

菊池は，返答に迷った。

「次回までに検討させて下さい」と答えるほかなかった。

34 鑑定の準備と鑑定決定

2週間後の平成27年1月28日に，裁判所から約束どおり，鑑定人候補者と鑑定事項が両弁護士事務所にファックスで送信された。

A4用紙1枚の横書きのファックスで，発信人は安宅書記官であったが，その内容は次のとおりである。

鑑定（案）

1　鑑定人（候補者）
　　　河原田　三郎（中京医科大学教授（小児内科））
2　鑑定を求める事項
 (1) 緑川由佳の死因は何か。
 (2) 緑川由佳が平成25年9月18日，被告病院に転送入院した際の病状は，どのようなものであったか。
 (3) 同年9月18日から同年9月19日未明にかけての被告病院および被告中之条医師の診療と措置は，一般的医療水準からみて，医療の専門家または医療機関として，不十分または責められる点があるか。
3　鑑定資料
 (1) 平成27年2月20日までに提出された本件訴訟の訴状，答弁書，準備書面，弁論調書，カルテ，看護日誌，前医院からの引継書類など
 (2) 本件裁判所の争点整理表

鑑定人と鑑定事項については，草津は，電話で大曲の意見を求めたが，大曲は特に修正意見はないということであった。草津は，友人の佐良に河原田三郎のことを聞いてみた。心臓のことに詳しいかどうかが気になったからである。佐良は，さっそく調べてくれて，「心臓の専門家とは言いにくいが，呼吸器を中心にした胸部の専門家であり，小児の突発死の事例を多く扱っている」との報告を受けた。

一方，被告側は，鑑定をめぐって，また意見が対立した。
　鑑定人候補者河原田三郎については，中之条が異論を述べた。この鑑定人では心臓外科のことはわからないし，気管支喘息のことも十分な判断はできかねる，というのがその理由である。
　また，病院首脳は，鑑定などをしなくても勝てるはずだという安易な考えから，共同で鑑定申請をして費用を切半するという裁判所の提案に反対した。弁護団のほうは，鑑定がなされるとすれば，鑑定費用の切半もやむなしと考えていた。
　被告側にとって1番問題なのは，「鑑定のための資料」の中に，転院の際に花巻医師から陵南総合病院に渡された「引継のための書類等」が入っていることであった。被告側が，花巻医師の紹介状を書証として提出することを拒否したのと同じ理由で，それが根拠となって不利な鑑定が出されることを心配してのことである。
　結局，これらの問題について，被告側内部の意見が一致することはなかったが，
　「いくらこちらが鑑定は不要だと言っても，裁判所と原告の態度からみて，鑑定が実施されることは間違いない状態であり，文書提出命令で花巻さんの紹介状を書証として出さねばならないことになれば，鑑定資料からこれを除くことも困難である。共同申請を拒否すれば，当然に費用の折半ということは避けられるが，もし敗訴ということになると，鑑定費用の全部を負担しなければならなくなることもある」などと弁護団は主張して，一応，鑑定に反対という線で頑張るが，最終的には弁護団の判断に委ねるという提案をした。この説得が効いて，弁護団が言うようにするほかないだろうという雰囲気になっていった。

　第3回口頭弁論期日での中之条に対する尋問の終了後，
　「さて，鑑定の件ですが，裁判所の考えは，事前にお知らせしているとおりですが，いかがですか」岡田は，両代理人に交互に視線を向けた。まず，草津が応えた。
　「鑑定人については，河原田先生ですか，結構だと思います。鑑定事項については，もう少し具体的なほうがいいかとも考えますが……まあ，これも裁判

所にお任せします」

「そうですか。鑑定事項があまり具体的だと，鑑定に枠をはめるというか，鑑定人をしばってしまうことが心配されますので，このようにしたのですが……。被告のほうには，何かご意見がございますか」岡田は，菊池に水を向けた。

「私のほうは，鑑定資料に，花巻医師から私ども病院に渡された資料一切が含まれていることと前回宿題とされました鑑定を原告との共同申請にすることについては，病院の了承が得られないということを申し上げます」

この発言を受けて，岡田は，

「裁判所は，被告が，共同申請はしないというお考えが変わらないのであれば，無理にというわけにはいきませんから，訴訟費用の裁判で対応することにします」と，被告側代理人に冷ややかに言い渡した。菊池は，予想どおりの展開になってきたので，全面降伏をするほかないと観念して，

「被告側が，いろいろ反対のようなことを申していたのは，中之条先生や病院が十分説明すれば鑑定などは必要でないと考えていたからで，裁判所のほうでどうしても鑑定を実施したいというお考えであれば，被告側も何が何でも共同申請に反対するというわけではありません」と引き下がった。

このような経過をたどり，鑑定人候補者の河原田教授が，鑑定を引き受けてくれれば，同教授に鑑定を依頼することが決定された。

35　鑑定の実施と鑑定書の提出

平成27年2月16日，岡田判事は，電話での打ち合わせにしたがい，河原田教授の勤める大学に赴いた。草津・川棚弁護士も大学で落ち合った。会議室に通された岡田は，鑑定の引き受けの礼を述べたのち，かねて両当事者の代理人から同意を得ていた鑑定事項を示し，河原田の意見を求めた。

「まだ鑑定資料を詳しく拝見していませんので，後々いろいろ意見を申し上げることがあるかも知れませんが，今気づいたことを申し上げますと，鑑定事項の第3に，一般的医療水準からみてどうかとういのがありますが，一般的医

療水準というようなものが明確に決められているわけではありませんので，できれば，当該のような状況の場合，医師は通常どのように判断し，どのような処置をするか，という質問に変更していただきたい」という要望があった。

言われてみれば，一般的医療水準とは何かが必ずしも明らかでないのに，それに照らして判断しろと要求されても，的確に答えることはむつかしい。岡田は，「では，そのようにお願いします」と言う以外になかった。鑑定の期限は，相談の結果，2ヶ月半ということになった。

その後，河原田教授は，おもおもしい顔つきで立っている裁判官の面前で「良心に従って誠実に鑑定することを誓います。」と書かれた宣誓書を朗読し，それに署名押印した。鑑定の基礎となる資料（鑑定資料）は，安宅書記官からすぐに教授の研究室に送られた。

約束の期限ぎりぎりに，河原田から鑑定書が裁判所に提出され，そのコピーは，すぐ両代理人に送付された。鑑定書は，A4型の用紙で12枚に及ぶもので，医学の専門用語が多用され，しかも，かなり婉曲的な表現がとられているので，ここにその全文を掲げることは差し控えるが，その要旨（鑑定主文）は，次のようなものであった。

鑑 定 書（要旨）

1　緑川由佳の死因について

　一般的に言って，急死の場合の死因の解明はきわめて困難であり，本件もその例外ではないが，全身に血液を送り出す左心室の機能の低下によって肺にうっ血が生じ（うっ血性心不全），これが呼吸器障害を引き起こして死に至らしめたと診るのが，もっとも可能性のある考え方である。被告らは，呼吸器障害（例えば，気管支喘息）が主因で，これが心臓に負担をかけ，それが呼吸器傷害を増幅させるという悪循環を生じ，遂に心臓の停止をもたらしたと主張するようであるが，それが死因であると判断することには躊躇を感じる。もちろんそれが死因であることを積極的に否定する資料はないが，当初からの呼吸障害の程度や，その後，強心配糖体の投与後，症状が少し良くなったということなどを考慮すると，別のところにその死因を求めるのが合理的であるように思われる。

2 平成25年9月18日，被告病院に転送された際の患児の症状

　ある時点における病状がどのようなものであったかを，僅かの鑑定資料から，おおよそにでも推認することは，通常，きわめて困難である。このことは，急激に病状が変化する幼児の場合には，とくにそうである。気管支喘息とうっ血性心不全は，初期の症状が類似するので，鑑定資料がとくに少ない本件においては，転院時の症状を正確に判定することは至難である。ただ本件では，前医である花巻医師による強心配糖体の投与により症状の変化があったかどうかにつき，前医と後医（中之条医師）とで認識に若干の違いが見られる点が注目される。気管支拡張剤の服用には反応せず，強心配糖体（セジラニド）の投与によって病状が多少なりとも改善したとすれば，気管支喘息よりは心不全をより強く疑うべきであるが，そのように断定できるのは，顕著に改善が認められた場合であり，本件では，そのようには未だ断定できない状態であった可能性もある。

3 中之条医師の診断と措置の適否について

　前医である花巻医師のもとでセジラニドの投与等により容態が多少なりとも改善したとの報告を受けていたとすれば，気管支喘息よりうっ血性心不全をより強く疑い，後者に対する適切な措置と厳重な監視体制をとるのが一般的な対応であると考えられる。

　もっとも中之条医師がとられた措置が，本件の場合において，うっ血性心不全に対する対策として不十分であったと言えるかどうかについては，専門家の間でも評価が分かれる可能性がある。ただ，うっ血性心不全を（も）疑っていたのであれば，水分の補給量を管理して心臓に負担をかけないようにし，酸素の補強に努め，許容される範囲でセジラニドを続用し，その上で注意深く症状の推移を監視するのが妥当であったと考えられる。

36 鑑定人質問

　草津や大曲は，この鑑定書に大筋において異論はなかったが，被告側では，これが大問題となった。早速，菊池弁護士，川棚弁護士，病院の首脳陣に中之条医師が加わって検討会が開催された。

　永田理事長は鑑定の主文だけを読んで，「死因や転院の際の病状を事後的に判断することはむつかしいと言いながら，全く根拠も示さず，うっ血性心不全が死因である可能性が高いとか，うっ血性心不全の症状があったとかと断定し

ている。これが専門家の鑑定とはおそれいる。根拠がなく，矛盾だらけであることは，素人でもわかる」と，批判の口火を切った。

　菊池は，「鑑定の理由の欄に，理由らしいことは多少書いてあるのですが，厳しいですね」とつぶやいた。永田の意見が厳しいのか，鑑定結果が厳しいのか，よくわからない発言であったが，医師たちは，後者と理解したようである。何か言えば，その根拠の説明と発言の責任を求められそうなので，医師たちは，積極的に話そうとはしなかった。菊池から，いろいろ尋ねたり質問したりして出された結論は，鑑定について質問状を出して鑑定人質問を求めることと，もう一度別人の鑑定を申請することの2点であった。翌日，菊池から，鑑定人質問と再鑑定を求める申請書が裁判所に送られた。

　鑑定人である河原田教授に対する質問は，概略次のような内容であった。

① 本件においてうっ血性心不全が死因としてもっとも可能性の高いと判断された根拠は何か。それが死因である確率は何％か。また，死因が気管支喘息である確率は何％か。
② 過去に実施された心臓手術の際のパッチがはずれたことなどを死因と考えることはできないか。できないとすれば，その根拠は何か。
③ 被告病院に転送された際の病状につき，強心配糖体の投与等によって顕著に容態がよくなれば，うっ血性心不全と判定すべきであることは，被告側としても異存はないが，転院当時，そのように顕著に容態が改善していたと言えるか。言えるとすれば，その根拠は何か。
④ 鑑定主文第3で，「注意深く症状の推移を監視するのが適当であった」と述べているが，鑑定人は，集中監視室などのない被告病院などにおいて，本件での監視では不十分であったと判断されるのか。不十分であったとすれば，どのような監視体制をとるべきであったか。

　裁判官の指示にしたがい，安宅書記官は，河原田教授に電話して，被告側から質問状が出されたので，それに回答して欲しい旨を伝えた。教授からは，回答は書面（鑑定補充書面）でしたいとの意向が述べられたが，裁判所は，期日

における口頭での回答を希望した。1回限りの書面での回答では，被告は満足しないであろうと思われたからである。

鑑定人質問の期日，河原田教授は，助教に大きなカバンを持たせてやってきた。教授は，時折メモを見ながら，しかし，流暢に4つの質問に答えていった。その回答の要旨は次のようなものであった。

本件の患者の場合には，肝臓が腫れており，チアノーゼや肩呼吸も見られたということなどを総合的に考慮すると，心臓にうっ血が生じて機能不全の状態が生じていた可能性が高い。他方，気管支喘息そのものが死因になることは一般的に言って考えにくいことである。

また，心臓手術の際に施したパッチがはずれるというようなことは，絶対にないとは言えないが，その可能性は極めて低いし，パッチがはずれれば，急激に病状が悪化するので，本件はそのケースでないと考えられる。守口循環器医療センターから文書送付嘱託に応じて送付されてきた診療・処置記録からも，そのような障害が生じることは考えにくい。

次に，本件のような症状の場合，セジラニドの投与によって症状が改善すれば，うっ血性心不全に疑いをかけるのが一般的な診断である。症状の改善がどの程度に顕著であれば，そのように診断してよいかについては客観的な基準はなく，現状では各医師の判断によるほかない。ただ，前医がそのように判断していたとすれば，それを重要な情報と捉えるべきである。

また，本件のような場合，症状がかなり重篤であり，また，患者が病状の進行の早い幼児であることに鑑み，厳重な監視体制のもとに置くことが望ましい。しかし，各病院によって，可能なことと不可能なことがあるのは当然であり，鑑定人としては，被告病院において，どのような監視体制がとれるかを判断することはできないし，また，その資料も与えられていない。

鑑定人からの説明が一応終了したところで，岡田裁判長から，「呼吸器障害と心不全との両方が合併するということは考えられませんか」という問いが発せられたが，

「そういうことが皆無とは言えないが、気管支喘息とうっ血性心不全とが同時に起こるということは、ちょっと考えにくいと思います。症状は、よく似ていますが、併発ということは極めてまれだと思います」ということであった。

その後、菊池弁護士が発言を求めて、「先生は、気管支の障害が心臓の機能の低下を伴って死に至ったという見方はとれないとおっしゃるのですか」と、語気鋭く切り込んだ。

「もちろんいろいろな考え方ができないわけではありませんが、わたくしとしては、本件の経過と症状を総合して考えますと、うっ血性心不全の確率が最も高いとみるのが自然ではないかと思っています」

「では、その確率はどれくらいでしょうか。確率が最も高いとおっしゃられても、それがどれくらいなのかをお教えいただかないと困ります。60％、70％、あるいは80％以上ですか」

「確率という言葉を使ったので、そのようなご質問になるのかも知れませんが、数字で示せるような判断ではありません。要するに、本件の場合に、そのように考えるのが、最もありそうで、諸症状との矛盾が少ないという趣旨とお取り下さい」。

菊池と川棚は、これ以外にも、いろいろ質問をしたが、あまり成果がなかったようである。

原告側の弁護士にも質問の機会が与えられたが、特に質問はなかった。

鑑定人質問が終わると、岡田裁判長は、「次回期日で弁論を終結したいと思いますので、そのつもりでお願いします」と言って、この日の審理を終了した。被告側から出されていた再鑑定の申請については何ら触れるところはなかったが、菊池は、当初から再鑑定は認められないだろうと考えていたので、特にこれを争うことはしなかった。

37　最終弁論

両当事者の弁護士は、これまでの弁論の総括ともいうべき主張を準備書面にして、次回期日前に裁判所に提出した。

〔原告側の準備書面(4)〕
　この準備書面では，従来の主張を整理するとともに，これまでの証拠調べの結果を細かく引用して，自らの主張が正当であり，被告側の言い分には根拠がないことを力説するものであった。
　すなわち，①　由佳の病因は，うっ血性心不全によるものであったことを諸症状から論証し，河原田鑑定も大筋においてこの判断を支持していることを指摘するとともに，中之条の診断および治療が，もっぱら気管支喘息に向けられていて，うっ血性心不全に対する認識と治療が極めて不十分であったことを具体的に指摘した。特に，花巻医師から聞いたことを書き止めた「報告書」を引用して，花巻から引き継ぎを受けた中之条としては，何よりもまず，うっ血性心不全を疑い，これに対する適切な処置を採るべきであるのに，気管支喘息に重点を置いて対処したのは，平均的な医師の水準からみて，初歩的なミスと言わざるをえない。被告らは，中之条が心不全も疑っていたと言うが，それを証明する証拠は皆無であり，録音テープの反訳書によれば，中之条自身当初は，自分の処置が必ずしも十分でなかったことを認めている。
　②　由佳の死因について，被告側は，心臓の隔壁のパッチがはずれるなどの，心室中隔欠損症の手術後のトラブルであるとも主張しているが，鑑定人質問からもわかるように，そのようなトラブルが突発的に生じることは極めて稀であり，また，仮にそのような稀有な事態が生じたとすれば，本件とは全く異なる経過をたどるものと判断されるから，被告側のこの主張は認められない。被告の申出によって送付された守口循環器医療センターの診療記録からも，パッチがはずれるというような危険があったということを推測させるものは何もない。
　③　集中監視設備（モニター）がないからといって，病因を究明して適切な処置を採るべき医師の責任が免除されるものではなく，患者の病状に応じた処置を施すべきであり，医師に裁量の範囲があるという一般論をもって本件の責任を免れようとするのは，医師の責務を省みない根拠のない言い逃れにすぎない。
　④　損害賠償の請求額が過大であるとの主張については，由佳がやせていて過去に心臓の手術歴があるからといって，平均就労可能年数まで働くことができないと断じる根拠は何もない。

また，医師に診せるのが遅れたことや当夜寝てしまったことで，母親の和子に過失があるとの主張についても，和子は由佳の病状経過に応じて母親として尽くすべき手は尽くしたのであり，そこには何ら非難されるべき点はない。

〔被告側の準備書面(4)〕
　この書面では，これまでの被告の主張を整理するとともに，次の2点を強調するものであった。
　① 河原田鑑定によっても由佳の死因はこれだということがはっきりしない。同鑑定が最も確率が高いとするうっ血性心不全も，80％，90％もの高率ではなく，単にその可能性が比較的大きいというだけであり，これを死因と認定するだけの根拠となりえない。
　② これとの関連で，原告の主張するような処置をすべて尽くしたとしても由佳の死を避けられたかどうかは不明であり，そうであれば，被告中之条のとった処置と由佳の死亡との間の因果関係の立証は十分になされていないと言わざるをえない。

　岡田裁判長は，ほかに主張や立証の必要がなければ，これで弁論を終結して訴訟を終わらせたいが，その前に，一度和解期日を入れてみたいがいかがかと，それぞれの代理人の意向を確かめた。判決をするに先立って，和解が試みられることはよくあることであるので，草津も菊池もそれほど驚かなかったが，和子は，不意を衝かれたように怪訝な顔をして，裁判官のほうを見ながら，自分の代理人がどう反応するか，じっと見入った。双方の代理人は，互いに相手方の反応と意向を窺っているふうであったが，まず，菊池が，「裁判所がそうおっしゃるのなら，然るべく」と答えた。「然るべく」というのは，弁護士が裁判官に任せる場合の常用語である。続いて裁判長から返事を求められた草津も，「わたくしのほうもそれで結構です」と小さくうなずきながら無表情に答えた。
　かくして，次回は，和解期日が指定された。

【第7章 解説】

(1) 鑑定人の選定と鑑定手続

　従来は，適切な鑑定人を選ぶことが困難であり，また選ばれた人がなかなか引き受けてくれないという問題があった。このことは，医療過誤訴訟において特に顕著であったが，最近では，各地域において，その地域の大学の医学部や中核的な医療機関との協定により，鑑定を引き受けてもらうことのできる医師の推薦を依頼する窓口ができ，また最高裁の医事関係訴訟委員会を通じて鑑定人候補者の推薦を依頼することができるようになった。

　また，従来の鑑定人尋問では，1問1答式で答えることを鑑定人に要求し，ときには鑑定人に失礼な言辞を浴びせることもあり，これらのことが，鑑定の引き受けを躊躇させる原因ともなっていた。平成15年の民訴法改正により，尋問ではなく，鑑定人に質問するものとし，まず鑑定人が意見を陳述し，そのあとで，裁判官，当事者の順序で質問するのを原則とした（民訴215条の2）。また，忙しい鑑定人のことを考慮して，映像と音声の送受信により鑑定人に意見を述べさせることも認められた（民訴215条の3）。鑑定の実施状況については，次の表の通りである。

医事関係訴訟における鑑定実施率

	事件総数	鑑　定	うち鑑定人質問等実施
平成21年	922	176	23
平成22年	896	129	20
平成23年	770	121	16
平成24年	821	106	16
平成25年	779	85	20
平成26年	763	79	6

（司法統計年報　民事・行政　表24）

(2) 日常用語と法廷用語

　本文の「然るべく」も，その一つであるが，裁判では，日常のコミュニケーションとはかなり違った言葉や作法が用いられる。例えば，具体的な顔を持った人間を抽象化した用語が使われやすい。裁判官は名前を言わず「裁判官」ということが多いし，当事者も「原告」，「被告」というように抽象化される。被告自身，自分のことを「被告は」というほどである。

日常用語では，曖昧な言葉や表現が使われるが，裁判の世界では「曖昧さ」は許されず，常に「ある」か「ない」か，「認める」か「認めない」か，というように断定的である。

　日常会話では，様々な事情が述べ合わされて，徐々に結論へと集約されていく。ところが，裁判では，請求の趣旨，これに対する答弁，その理由，事実というように，まず結論が先行する。

　日常会話では，当事者（本件では，緑川と中之条）が直接話をするという形態をとるが，裁判の場では，会話の相手方は直接的には裁判所（官）であって，相手方当事者ではない。したがって，相手方当事者に質問したいと思っても，裁判官を介して，裁判官から質問してもらうという，屈折した三角形のコミュニケーションになる。「求釈明」と言われる（民訴149条3項参照）。

(3) 私鑑定

　私鑑定とは，当事者の一方が学識経験のある第三者に依頼して専門的知識や専門的な判断を報告書として作成してもらい，それを訴訟で利用するものである。訴訟では，私鑑定の報告書を書証として取り扱うことが多い。私鑑定では，当事者の一方の側からの主張にとって有利な内容の鑑定をすると予想する専門家に有償で依頼して報告書を作成してもらうことが多く，当事者にとっては，正式の鑑定よりも簡便迅速であるだけでなく，鑑定内容に安心がもてるというメリットがある。

　私鑑定には党派性があることが多く，正式の鑑定においては認められている忌避権（民訴214条）や鑑定人質問権（同215条の2）もないので，私鑑定を書証と扱うべきではなく，当事者の陳述の一部として取り扱うべきであるという見解もある。しかし，訴訟外で第三者が作成した文書は書証となるのが一般的であるし，中立性の点については，証拠力の評価において斟酌すればよいし，相手方の防御権は，私鑑定をした専門家を証人として尋問することで足りる。

　医療関係訴訟でも私鑑定が利用されることがあり，当事者双方からそれぞれの私鑑定の報告書が提出されることもある。そして，私鑑定が利用された場合，私鑑定をした専門家を証人として尋問することによって，正式の鑑定を省略することもある。

第8章　和解の不調と判決の言渡し

38　和解の開始
39　和解の不調と弁論の終結
40　裁判官の合議と判決の起案
41　判決とその言渡し

33　和解の開始

　緑川は，和解と聞いて戸惑った。医師と病院側の責任が裁判官からはっきり宣言されることを期待し，また，そう信じていたからである。「ひょっとしたら，判決になれば自分のほうが負かされるのだろうか」そういう不安が頭をよぎり，だんだん大きくなっていった。

　草津と大曲には，動揺はなかった。すでに，証拠調べの前に和解の打診がなされているし，証拠調べが終わったのちに，和解期日が入れられるのはそれほど珍しいことではない。

　また，和解となれば，ある程度の金額が支払われることになるので，裁判所は被告側に責任ありとの心証をもっているのでは，と受け止めたのである。草津は，電話で不満と動揺を表す緑川に事務所に来てもらって，そのことを説明した。緑川は，ひとまず納得した。

　一方，被告側のほうは，どのように対応すべきか，ずいぶん難航していた。もともと，理事長と事務長は，「損害賠償金を払わなければならないような責任は，あろうはずがない。しかし，見舞金ぐらいなら解決金として払ってもよい」という認識であった。病院としての責任はともかく，自分に法的な責任などあろうはずはないと考えている中之条は，

　「自分としては，判決で白黒をはっきりさせてもらいたい。しかし，病院が信用や職員の士気の低下を防ぐために和解をするというのであれば，それに反対するつもりはない」という意見を述べた。

　弁護士の菊池は，当事者たちとは考えを異にしていた。裁判の見通しは必ずしも楽観できないという判断のもとで，和解については，相手方の出方や裁判所の心証をみながら，状況の中で柔軟に対応したほうがよい，したがってはじめから和解するとか，しないとか決めてしまわないで，弁護士である自分たちに任せてほしい，という意向であった。

　病院関係者と弁護士との間に重苦しい空気が漂った。理事長は，

　「この事件で，そんなに弱気にならなくてはいけませんか」とあからさまに不満を表明した。菊池は，黙して語らなかった。事務長が，理事長の言葉を受

けて続けた。
「保険会社と連絡をとったのですが，担当者はいい返事をしないのですよ。保険会社としては，ほかの病院の事件も抱えているから，ウチだけ特別扱いするわけにはいかない。かりに和解をするとしても，いったん，判決をもらったうえで，控訴審で和解するという方法もあるのではないか，というのです」

このような状態で和解の期日を迎えた。緑川は開廷時刻の午後1時少し前に裁判所に着き，3階の廊下のベンチで待っていた。時間ぎりぎりに到着した草津に促されて，裁判官の部屋のすぐ隣にある和解室に入る。応接セットが置かれた小さな部屋である。相手方の病院側の関係者はいない。間を置かず裁判長が入ってきた。岡田判事は，
「事件も結審に近づきましたが，裁判所としては，この事件は和解で解決するのがよいと思います。原告としてはどのようなご意見をおもちですか，ご意向を率直に聞かせて下さい」と言って言葉を切った。草津は，
「被告側があのような態度ですから，緑川さんとしては，判決を受けたいという気持ちが強いのですが，絶対和解に応じないというわけではありません。ずいぶん説得しまして，こちらが納得できるような条件が示されれば和解してもよいということになりました。要は条件次第です」と言った。うなずきながら聞いていた岡田は，
「原告の立場からすれば，そういうことでしょうね。被告側がどこまで譲歩するかにもよりますが，原告のほうでもある程度譲歩してもらわないとまとまりませんからね」と言い，やや間を置いてから，
「先走るようですが，原告側としては，どれくらいならよいとお考えですか」と草津に向かって尋ねた。草津は，
「具体的な金額までは相談していませんが，それに相手が責任を認め，謝罪する気があるかにもよりますが，私どもの請求している額から大きく離れるようでは，とても和解に応じることはできません」と答えた。謝罪と聞いて，岡田は苦笑した。ここで，今度は被告側から意見を聴くために，緑川らはいったん退室し，菊池と入れ替わった。
菊池はテーブルにつくと，保険会社の係員を紹介し，同席することの許可を

求めた。和解についての意向を尋ねられたのに対し，菊池は，

「ちょっと，忙しかったもので，被告らとまだ十分打ち合せができていません。また，保険会社とも交渉しなければなりません。しかし被告らとしても，このような訴訟を続けることは本意ではなく，できれば和解したいと考えています。ただ中之条先生は，判決を受けて責任のないことをはっきりさせてほしいと言っておられますが，病院が和解するとなれば，それでも1人頑張るとは言われないと思います」と述べた。岡田は，

「原告のほうは，被告側が大幅に譲歩しない限り和解はできないと言っていますが，どれくらいの線までお考えですか」と問いかけた。菊池は，

「原告のほうは，いくらを希望されているのですか」と問い返した。裁判官は，

「そこまでは，まだ聞いておりません。しかし，支払う方から具体的な金額を言ってもらわないと，前に進みませんよ」と言って，菊池を凝視した。菊池は，

「先ほども申しましたように，まだそこまで相談ができていませんので，私の一存でということであれば，見舞金を多少多めに出すというぐらいのことしか言えません」と言った。岡田は即座に

「見舞金程度というのでは，原告のほうがとても呑まないでしょう。裁判所としても，それではダメだと思いますよ」とやや冷たい口調で言って，菊池と川棚の反応を見た。菊池は，保険会社がなかなか思うように和解金を出してくれないことや，病院も過当競争で経営が苦しいことなど，いろいろ事情を述べた。しかし，裁判官のほうは，一向に説得されたふうにない。

「敗訴ということになれば，それこそ病院は信用を失ってかえって経営状態が悪くなるということもありますよ。その辺のことも考えておられることとは思いますが，もっと真剣にお考えになる必要がありはしませんか」

菊池は判決を受ければ敗訴になる可能性が強いと感じ，病院や保険会社にもう1度説得してみようと思い，

「いや，どうもこちらの打ち合せが不十分で申し訳ありません。帰って今日のことを話し，今度はきちっと決めて出てきたいと思います」と，引き続き和解手続の続行を希望した。

そこで，裁判官は，草津と緑川を呼んで，被告側の準備が必ずしも十分でなかったことを伝え，引き続き和解を試みたいと言った。草津は了承するほかな

かった。

39　和解の不調と弁論の終結

　翌々日。菊池法律事務所の応接室で，これから和解手続にどう臨むかが相談されていた。菊池と川棚は，前回の裁判官の発言内容からみて，一審で敗ける可能性も大きいし，原告のほうも簡単に折れてきそうにないから，かなりの金額を覚悟すべきだと力説した。しかし，同席中の保険会社の支店次長は，原告の請求額の7割も8割も支払うぐらいなら，判決をもらってほしい，もし敗訴であれば，控訴して，それからでも和解ができないわけではないと言って譲ろうとはしない。保険会社の次長が引き上げたあと，菊池は病院の理事長と事務長に，なお説得を続けたが，請求の半分程度という線を越えることはできなかった。

　第2回目の和解手続は，3人の裁判官が揃って出てきて，まず，菊池のほうから話を聞くことになった。菊池は，被告らを自分の事務所に呼んで長時間にわたり説得を試みたが，原告の請求金額の半分より以上は支払えないという結論しか得られなかったと説明した。裁判長が，菊池に，
　「念のためにお聞きしますが，それが最終案で，それ以上話し合いをする余地はまったくないということですね」
　「そうお取りいただいても結構です。もっとも，びた一文増額できないというわけではありませんが……」
　「わかりました。では，原告側を呼んでいただけませんか」
　被告側の提案は原告側に伝えられたが，直ちに拒否されたことは言うまでもない。
　裁判所のほうは，3人で相談した腹案を持っていた。しかし，それを提示するような状況ではないと判断して，和解の試みは打ち切られることになった。
　再度被告側が呼ばれて，双方の訴訟代理人が揃ったところで，裁判所はその旨を告げ，口頭弁論期日に切り換えるので，直ちに503号法廷に移ってほしいと求められた。

10分後、503号法廷では、3人の裁判官が法壇に並んで待っていた。弁護士たちのほうが遅れて入廷した。
「それでは、お互いにこれ以上主張、立証はないということでよろしいですね」
　双方の代理人はうなずいた。
「それでは、弁論を終結します。……判決言渡しは、平成27年11月9日午後1時10分とします」

㊵　裁判官の合議と判決の起案

　起案と呼ばれる判決の案づくりは、この事件では左陪席の加茂が行うことになっている。
　弁論終結から2週間後の午後3時半、判事室に隣接する小会議室で本件についての簡単な打ち合せが行われた。
　安宅書記官は、2冊にとじられた分厚い記録を真ん中のテーブルに置き、合議に加わった。岡田の部では、書記官も合議の場に出るのが普通である。参考になる裁判例なども、安宅がパソコンソフトで検索し、書庫に入って調べ、必要な資料のコピーを取り揃えるのが常である。合議には、司法修習生も加わって意見を述べることもあった。
「見通しは、どう」岡田は、だいたいの雰囲気はわかっていたが、改めて、2人の裁判官に水を向けた。
「原告、パスでしょうね。額はともかくとして」右陪席の上条が表情を変えずに切り出した。「パス」というのは、この部だけに通じる略号であり、ハードルをクリアしている、つまり勝訴という意味である。
　一同の視線を受けた左陪席の加茂は、やや間を置いて、一語一語かみしめるように発言した。
「死因が今一つはっきりしないことと関連するのですが、被告側の過失を具体的に肯定できるとまで言えるかどうか。それに、因果関係がすっきりしません。原告パスとまではどうも踏み切れないように思うのですが」
　岡田と上条それに安宅は、すでに加茂の発言を予想していた。これまでも、

何度か加茂はこのような所感を同僚たちにもらしていたからである。

　岡田は，安宅に参考になる判例があるかどうか調べておくことを頼んだのち，加茂に結論はともかくとして，本件の争点整理表に沿って，もう少し立ち入って検討したいので，次回までに証拠とその評価も織り込みながら，原案づくりをしてほしいと要請して，1回目の合議を終えることにした。6時からは，転入転出裁判官の歓送迎会があり，3人の裁判官は帰り支度を急いだ。

　会場への車の中でも，2人の裁判官の議論は続いた。新件への対応に頭がいっぱいの岡田は，黙って2人の話を聞いていた。「合議」には，決まった形はない。これも「合議」なのである。しばしば，法廷を終えて裁判官室に帰る途中の廊下で歩きながら，その事件の印象や見通しなどについて二言，三言，言葉を交わすこともあれば，審理の直前の判事室で互いが自分の机に向かいながらそれまでの審理の経過を確認しつつその日のポイントについてそれぞれの考えを述べ合うこともある。

　しかし，本件では，上記の第1回目を含めて3回の慎重な合議がなされた。2回目は2週間後，前回と同じ部屋で，加茂のＡ4判7枚にわたる横書きのパソコン書きの原稿に基づいて，証拠と対比させつつ，主要な争点を確認し，意見を交わす作業が行われた。安宅が調べてきて，資料として提出された判例も検討されたが，本件には直接的にはそれほど役に立たない，というのが安宅も含めた全員の所見であった。この合議には，この部に配属された司法修習生も参加し，熱心にメモを取っていた。この修習生には，昨日，本件の記録が渡され，本日のために検討してくるように言われており，今日の朝方まで記録読みに忙殺されたのであった。上条に水を向けられて，修習生は睡眠不足で目を真っ赤にしながら一生懸命自分なりの意見を述べた。

　岡田はそれまでほとんど自分の意見を言わなかったが，終了間際にポツリと言った。

　「花巻さんの診たてと陵南総合病院への転送の際の引き継ぎはどうだったのでしたかね」

　議論の経過から，参加者全員その意味がわかった。加茂が，

　「やはりあの点がポイントになりますか。花巻さんから証言が得られず，弁護士の報告書だけですので，中之条の聞き違えと断定することに躊躇していた

のですが」と応えた。

「草津弁護士の報告書のほかに，緑川の供述書や中之条との会話の録音テープでもそれに沿う部分があるから，原告側の主張を真実と認めてよいのではないだろうか」と岡田。安宅が，記録のその箇所を指し示しながら

「かなりはっきり出ていますから，その認定でよいのではないでしょうか」と控えめながらも自信のある態度で発言した。そこで，全員が，改めてその部分を読み直して，その線で行こうということになった。

合議が終わった時は，すでに6時を回っていた。岡田は，

「どうです。軽く飯でも食べていきますか」と遠慮がちに誘った。加茂は，新婚であったからである。加茂は，

「私は失礼します」と言ったが，上条と安宅，修習生は，2つ返事で続いた。上条判事は女性であるが，お酒は結構飲めるほうである。料理屋でも，ビールを飲みながら，安宅と修習生は盛んに本件についての議論を交わしており，上条もときどき口を挟んで，議論を盛り上げていた。

3回目の合議を経て，判決内容の骨子が決まった。加茂は，判決言渡期日を2週間後に控えて，判事室でパソコンをたたき，自宅でも遅くまで起案に没頭していた。岡田の求めによって，原告，被告双方から，最終準備書面の提出がなされ，それが保存されたUSBメモリーももらっていたので，主張の整理の部分の起案は楽であった。

加茂は，起案した判決文が保存されたUSBメモリーを安宅に渡し，安宅がミスがないかどうか点検したのち，プリントアウトされたものが3人の裁判官に届けられた。これに基づいて，最終合議がなされたあと，岡田が自ら筆を入れて，判決文が出来上がった。もう一度，読み合わせと点検が行われたあと，判決の最終案が出来上がった。

4│判決とその言渡し

こうして出来上がった判決書に3人の裁判官が署名捺印し，それで判決書（原本）が完成する。この判決書に基づいて，判決の言渡期日に言渡しがなされる。弁護士が付いている事件では，弁護士や当事者が判決を聞きに来ること

はあまりない。それは，どうせすぐに判決の正本が送達されることになっているし，その判決に不服があり，控訴や上告をするときは，判決正本の送達を受けた日の翌日から2週間以内に提起すればよいとされているからである。もちろん結論だけは早く知りたいと思うことがあるが，そのときは弁護士が書記官に電話して尋ねている。法廷内に弁護士や当事者がいない中で判決文が読み上げられることも多いが，本判決の言渡期日には，傍聴人席に傍聴人が1人だけいた。

　実は，緑川は，ぜひ判決を聞きに行きたいと思っていたが，草津はその日に都合がつかず，緑川は1人で聞きに行くのをあきらめたのであった。もともと草津は，判決言渡期日を出廷予定には入れていない。

　草津は，安宅に，電話で判決主文の内容を尋ね，まず大曲に，続いて緑川に電話で知らせた。認められた金額は要求した額よりも少なかったが，緑川は勝訴できたことに満足であった。緑川は草津に何度も礼を言った。草津もひとまず責任を果たすことができて満たされた思いであったが，被告側がこのまま引き下がるとは思われないので，「まだ訴訟は終わったわけではないから，あまり喜び過ぎないで下さい。先はまだまだ長いんですから」と言って電話を切った。

```
平成26年(ワ)第235号　損害賠償請求事件

                    判　　決

                          刈谷市西本町3丁目6の2
                    原告　　緑川　和子
           上記原告訴訟代理人　弁護士　　草津　三郎
                     同　　弁護士　　大曲　賢
                          名古屋市昭和区池上町8丁目1の5
                    被告　医療法人陵南総合病院
                          代表者・理事長　永田信一
                          名古屋市熱田区神宮3丁目7の3
                    被告　　中之条　猛
           上記被告両名訴訟代理人　弁護士　　菊池　一男
```

41 判決とその言渡し

　　　　　　　　　　　　　同　　弁護士　　川棚　大樹

　　　　　　　　　　　主　文

　被告らは，連帯して原告に対し，金 43,684,870 円及び内金 38,684,870 円に対する平成 25 年 9 月 20 日から，内金 5,000,000 円に対する平成 26 年 1 月 24 日から各完済までの年 5 分の割合による金員を支払え。
　原告のその余の請求を棄却する。
　訴訟費用は，被告らの負担とする。
　この判決は第 1 項に限り仮に執行することができる。ただし，被告が原告に対し，金 5,000,000 円の担保を供するときは，右仮執行を免れることができる。

　　　　　　　　　　　事　実
第 1　請求
　被告医療法人陵南総合病院は，本件診療契約の違反に基づき訴外緑川由佳（原告の娘）に与えた損害の賠償として，また，被告中之条は，由佳に対する不法行為に基づく損害の賠償として，原告緑川和子に対して金 48,684,870 円及び内金 43,684,870 円に対する平成 25 年 9 月 20 日から，内金 5,000,000 円に対する本件訴状送達の日の翌日から各完済まで年 5 分の割合による金員を支払え。
　訴訟費用は被告らの負担とする。
　第 1 項について，仮に執行することができる。
　との判決が，原告によって求められた。

第 2　事案の概要
1　争いのない事実
　原告の 1 人娘由佳（平成 21 年 3 月 10 日生）は，平成 25 年 9 月 16 日頃から咳があり，腹痛を訴え，手足や口唇にチアノーゼの症状が見られるようになったので，同月 18 日午後 5 時ごろ花巻医院で花巻秀夫医師の診察を受けたところ，同医師は，上記症状は気管支喘息の発作と診断したが，それに加えて心不全の存在を疑い，入院の必要があるものと認めて，由佳を入院施設のある陵南総合病院に転送し，同日午後 10 時 2 分に同病院に到着した。
　被告中之条猛は，同病院の当日の当直医師であり，由佳は到着後直ちに同医師の診察を受け，同病院に入院した。同医師は心電図をとり，原告に問診を行い，花巻医師の紹介状や花巻医院で撮影された胸部レントゲン写真等を見ながら診察をなしたのち，由佳を病室に移した。由佳が酸素吸入を嫌がり，むずかったため，酸素吸入を中止した。中之条は，19 日午前 0 時 30 分頃回診したが，特に何らかの処置を

施すことはなかった。当直看護師であった深町美津子は、中之条医師の指示により、午前1時、3時、4時、5時に巡視をなした。午後6時の巡視のときに深町が由佳の容態の急変に気づき、中之条が看護師とともに人工呼吸等を実施したが蘇生せず、午前7時10分死亡を確認した。なお、原告緑川和子は、居眠りをしていて、深町に告げられてはじめて急変を知った。

由佳は、1歳半の頃、守口循環器医療センターにおいて心室中隔欠損症の手術を受けたが、同センターの医師からは、手術は完全に成功したと告げられた。

2 争点

本件での主要な争点は次の4点である。

1 被告中之条が、由佳の病因として心不全を疑うべきであったか否か、また、心不全の疑いありと判断していたか否か。

2 被告中之条が心不全を疑っていたとすれば、直ちにその原因を究明するべきであり、また、どのような治療方法を施すべきであったか、また、そのような措置を講じたか否か。

3 由佳の死因は何か。特に、中之条がなした診断や処置と由佳の死亡との間に相当の因果関係があるか否か。

4 原告緑川が、医師に由佳を診せることが遅れたこと、および、付き添い中に眠り込んで、由佳の急変に気付くのが遅れたことが、過失相殺の根拠となるか、また、過失相殺をなすべきであるとすれば、いくら相殺すべきか。

第3 理由

1 争点に対する判断

まず、被告中之条が、由佳の病因として、心不全を疑わなかったのではないかという点についてみるに、被告中之条によって作成されたと認められる乙A第2号証の3（病状経過表）には、三横指の肝腫大が認められる旨の記載とともに、「気管支喘息あるいは心不全」と書かれていること、また、中之条自身が気管支喘息だけでは患児の症状をすべてを説明できないと考えていたことなどからみると、気管支喘息とともに心不全をも疑っていた形跡がないわけではない。

しかし、被告中之条の本人尋問によれば、気管支喘息を主因に考え、他の原因の存在を真剣に検討したとは考えられない。そして、このような中之条の診断には見過ごし得ない問題がある。甲A第8号証（花巻医師からの聴取報告書）と原告本人尋問によれば、平成25年9月18日午後5時半頃、花巻医師は由佳を診察し、すぐに気管支喘息を疑い、気管支拡張剤を吸入させるとともに副腎ホルモンを投与し、経過を見たが、午後8時半になっても容態が改善した様子がないので、心不全に対する対策として、セジラニドの点滴をはじめた。その後、被告陵南総合病院に転送し、同病院の処置室で由佳を観察したところ、以前より少し容態が良くなったこと

が認められ，それがセジラニドが効いてきたためと考え，その旨を被告中之条に告げたという事実が認められる。ところが，中之条の本人尋問によれば，中之条は，花巻医師の，気管支喘息に対する対策が効果を生じ，由佳の容態が少し改善したと聞き違えたことが伺える。これは，医療に携わる者としては重大な過失であると言わざるを得ない。もし，中之条が，花巻報告を正しく聞いていれば，当然，心不全を強く疑い，それに対する適切な処置も採られたであろう。

　被告らは，肝腫大は気管支喘息によっても生じるし，呼気時に乾性ラ音を聴取したので，気管支喘息が病因である可能性も十分にあった。さらに，原告に対する問診で，由佳には喘息の既往症があったとの説明も受けていた。それ故，中之条が気管支喘息と心臓手術後のトラブルとしての心不全とを疑ったのは，まさに正当な判断である。そしてこの両者の治療方法は相反する面があり，花巻医院で両者に対する一応の処置がなされており，由佳の病状にも変化が見られなかったので，しばらく経過を見ることにしたのであり，この処置に何ら落度はない。また，由佳の死因は，過去における手術後の心臓に何らかの原因で突発的にトラブルが生じることによる心不全であるとすれば，かりに，原告が主張するような処置を採っていたとしても，死亡を防ぐことは不可能であった，と主張している。

　しかし，河原田鑑定ならびに守口循環器医療センターからの送付資料によれば，心臓のパッチが急に外れるなど，心臓手術後の突発的なトラブルが生じるということは，絶対にないとは言えないが，その可能性はかなり低いとされており，花巻医師によるセジラニドの使用によりやや快方に向かっていたことを考えると，由佳の死因は，河原田鑑定において最も可能性が高いとされた，うっ血性心不全によるものとみるのが相当である。また，問診において，由佳に喘息の気があったという説明の存在については争いがあり，そのような説明を聞いたという中之条の供述はにわかに措信しがたい。

　まず，酸素吸入については，それを継続することが望ましかったという河原田鑑定があり，また，酸素吸入が不可能であると考えられるほどに由佳が暴れていたという証拠はない。してみれば，被告中之条としては，少しくらい由佳が暴れたからといって，酸素吸入を直ちに中止したことにも問題があったと言いうるが，これがために由佳が死亡したとは考えられない。

　つぎに水分の出納管理がなされなかったために，水分を過分に与えたかどうかについては，甲A第2の2（看護日誌），証人深町美津子の証言，被告本人尋問によれば，摂取水量は，花巻医院から施用中であった点滴ソリタT_1 200 cc と，それが終わった午後11時から1時間に50 cc ずつのソリタT_3点滴と，午後4時に経口摂取させたソリタ水20 cc であり，他方，9月19日午前0時15分の排尿50 cc，その後第2回目の排尿，さらに第3回目に失禁と，若干の発汗があったことが認められる。この結果は，患者の年齢，体重などからみて著しく過分な水分の摂取とは言え

ず、また、気管支喘息のおそれも全くなくなったわけではない状態であったことを考慮すれば、これだけをもって被告中之条の過失とは言えない。

　問題はセジラニドの不使用である。甲B第7号証（製薬会社作成のセジラニド使用書）によれば、セジラニドは、2歳以上の者については1日に体重1kgあたり0.02ないし0.04mg量を、3回ないし4回に分割して、静脈内あるいは筋肉内に注射すべき旨を指示している。由佳（体重約13kg）に対する1日あたりの投与量（飽和量）を上記効能書の指示するところにしたがって計算すると、0.26ないし0.52mgとなる。ところが、花巻医院で9月18日午後8時半頃から投与され、入院後の午後11時頃に終了した量は0.15mgであり、飽和量の2分の1ないし4分の1にすぎない。由佳は体重に比して年齢は大きいのであるから、飽和量は最大に近いほうを基準とするのが妥当であり、その症状の重篤性に照らしても、セジラニドを続用すべきであった。被告らは、セジラニドは蓄積性があって中毒になり易く、また、副作用を生じることもあり、特に由佳のように心臓に既往症のある小児に対する使用については慎重を要するから、中之条が経過を見た上で使用しようと考えたことは、妥当な処置であったと主張している。しかし、由佳に対してセジラニドがこれまでにも、しばしば使用されていたという事実は主張立証されておらず、蓄積性を今回特に心配しなければならない状態であったとは認められない。また、セジラニドを投与しはじめてから、容態が好転したことが認められ、由佳につき特に副作用をおそれねばならない事実があったわけではない。セジラニドの続用を禁ずる理由は存在しなかったのに、その判断を誤り、その使用をあえて差し控えたことに問題があったと言わざるを得ない。

　被告らは、由佳の死因は心臓手術後の突発的なトラブルである可能性が大であり、そうだとすれば、かりに、被告中之条において、原告の主張の医療行為を施していたとしても、由佳の死亡を防ぐことはできなかった。したがって、被告中之条の行為と由佳の死因との間には因果関係は存在しないと主張する。しかし、由佳の死因は、うっ血性心不全の漸次的進行によるものとみるのが妥当であり、また、セジラニドの使用により一時はやや快方に向かっていたことを考えると、被告中之条において引き続き心不全に対する適切なる処置を講じておれば、その進行を阻止し得た可能性が大である。そうだとすれば被告中之条の過失と由佳の死亡との間には因果関係の存在を認めることができる。

　被告らは、由佳は年齢比して体重が著しく少なく、また過去に心臓手術という既往症があるから、平均余命まで生きられないはずであり、損害賠償の計算の基礎が誤っていると主張するが、手術は成功し、その後は通常の子供と同様に元気であったのであり、由佳が特に平均よりも就労可能年数が少ないと言うことはできない。

　なお、原告が、由佳を医師に診せるのが遅れたとは断定できない。また、病室で居眠りしたことは認められるが、このことをもって原告に過失ありと言うことはで

きない。したがって，過失相殺の抗弁は理由がない。

2　被告らの責任

以上のところから，被告中之条は，過失のある診療行為によって，また被告陵南総合病院は，その勤務医である中之条の診療によって，診療契約に基づく債務の適正な履行を怠り，由佳を死に至らせるという損害を与えた。原告は，由佳の唯1人の相続人として，由佳の損害賠償請求権を全額相続した。したがって，被告らは，原告に対して連帯して損害賠償をなす義務を負う。

3　賠償すべき損害額

由佳は死亡当時4歳6ヶ月の女子であり，もし本件債務不履行ないし不法行為がなかったとすれば，原告主張のように，18歳から49年間就労可能であったものと認められる。平成25年度賃金センサスによると，女子全年齢平均賃金は年額3,539,300円であるから，中間利息を控除し，生活費として30パーセントを控除して算出される金額，金22,734,870円の得べかりし利息を失った。原告は上記逸失利益全部を由佳から相続した。

葬儀費用については，原告本人尋問によって真正と認められる甲C第3号証により，原告主張通りの金額が葬儀社に支払われたことが認められる。また，弁護士費用についても，同じく原告本人尋問によって真正と認められる甲C第4号証および C 第5号証により，合計金5,000,000円が，原告両訴訟代理人に支払われたことが認められる。慰謝料については由佳がひとり娘であること，原告が寡婦であることなどを考慮して，金15,000,000円とするのが相当である。よって，これらは本件債務不履行ないし不法行為と相当因果関係のある損害ということができる。

4　結論

以上を要するに，本件債務不履行ないし不法行為によって由佳が失った「得べかりし利益」金22,734,870円と，原告自らが受けた損害である慰謝料金15,000,000円，葬儀費用として支払った金950,000円，弁護士費用として支払った金5,000,000円の合計金43,684,870円が損害額であり，被告らが連帯して原告に支払うべきことになる。また，弁護士費用を除く損害金38,684,870円については，平成25年9月20日から，弁護士費用金5,000,000円については訴状送達の日の翌日である平成26年1月24日から各完済まで民法所定の年5分の割合による遅延損害金も併せて支払うべき義務がある。原告のその余の請求は棄却する。

訴訟費用の負担については，民事訴訟法61条，64条，65条を，仮執行宣言および仮執行の免脱については同法259条を適用して主文のとおり判決する。

第4　口頭弁論終結日　　平成27年9月14日

　　　　　　　名古屋地方裁判所民事第4部
　　　　　　　　　　　　　裁判長裁判官　　　岡田　　徹　㊞
　　　　　　　　　　　　　裁判官　　　　　　上条　未来　㊞
　　　　　　　　　　　　　裁判官　　　　　　加茂　　翼　㊞

【第8章　解説】

(1) 訴訟上の和解のメリットとデメリット

　訴訟を起こしたからといって，必ず裁判所の判決をもらわなければならないわけではなく，当事者自身で訴訟を終わらせることもできる。これは，訴訟は当事者の処分に任されるという原則（処分権主義）の現れである。当事者はもめごとをADR機関に持ち込むか，訴訟で話し合うかを自由に選択できるし，訴訟を選択したのちにも，その係属中いつでも裁判所の関与のもとで和解ができるほか，原告が訴えを取り下げたり，当事者の一方が負けを認めることもある。とくに和解と取下げで終わる事件はかなりの割合を占める（第1章の解説(1)③と医事関係訴訟事件の終局区分別既済事件数の表参照）。

　判決による解決と比べて，和解には次のようなメリットがあると言われている。まず第1に，訴訟上の和解は訴訟手続を早期に終結させることができる。和解が成立すると，判決を起案・作成する必要がないし，事件が上訴審にいくこともないからである。第2に，訴訟費用の点でも無駄な出費をおさえることができる。第3に，判決の場合と異なり，必ずしも明白に白黒をつける必要がなく，当事者間の関係を悪化させることを防ぐことができる。第4に，和解の場合には，その解決方法が限定されていないから，紛争の実態に最も適切な解決方法を選択することができるし，事情によっては，第三者をも和解に参加させることができる。第5に，判決によるよりも，将来の履行が確実であることが多い。特に弁護士がついている場合には，その弁護士から義務の履行を勧告してもらえることもある。

　他方，和解には次のようなデメリットがある。第1に，当事者の正当な権利の主張が貫徹されない懸念がある。特に正確な情報が与えられないまま和解を迫られ，しかたなく和解に応じるというおそれがある。第2に，和解には既判力がないと解されている（民訴267条参照）ために，いったん解決したはずの紛争が蒸し返されるおそれがある。しかし，これらの欠点は，適法な手続を踏んで慎重に和解をなすことによって避けることが可能である。

(2) 和解を試みる時期と和解の進め方

　裁判所は，訴訟がいかなる程度にあるかを問わず，和解を試み，または，合議体の一部の裁判官（受命裁判官）もしくは他の裁判官（受託裁判官）に和解を試みさせることができる（民訴89条）。法律上は，いつでも和解を試みることができることになっているが，やみくもに試みても和解の成立を期待することはできないから，実務では，①争点の整理がほぼでき，書証が提出されて，裁判官として事件の一応の見通しが持てるようになった時，②重要な争点について有力な証人等を調べて裁判官が相当程度心証を得た時，③証拠調べがすんで結審する前またはその後の時期などに，試みられることが多い。上の①の段階で試みたのち，②ないし③の段階でも再度試みられることが多い。な

お，裁判所は，適当であると認めるときは，職権で民事調停に付すことができる（民事調停法20条）。

　和解をどのように進めるかは，最終的には裁判官の判断に委ねられており，原告側と被告側を対席させて話し合っていく対席方式を多用する裁判官と，原告と被告を交互に呼んで和解を勧める交互方式を原則とする裁判官があるようである。また，当初は交互方式により，話が進んでくると対席方式に切り換えるという方法もある。

　どの方式を用いるのがよいかは，事件の内容や当事者の意向や性格などによっても異なるので一概に言えないが，対席では当事者が感情的になって冷静に話し合うことができないというような事情がない限り，対席方式によるほうが，手続が透明で，当事者間に公平で，裁判官による不当な押し付けの余地もなく，交互方式よりも合理的であるように思われる。

　なお，当事者双方からの共同の申立てがあるときは，裁判所は，事件の解決のために適当な和解条項を定めることができ，その定めが当事者双方に告知されたときは，当事者間に和解が調ったものとみなされる（民訴265条）。

(3) 判決内容の決定

　判決をなすためには，争点についての判断をしなければならない。法律の存否や内容が争われているときは，その法律問題についての立場を決定しなければならない。事実の存否について当事者間に争いがあるときは，証拠調べの結果と弁論の全趣旨を斟酌して，裁判官の自由な心証により，その事実主張の真否を判断しなければならない（民訴247条）。ある事実について，その存否を直接証明する証拠がないときは，その事実の存否を推認させる事実（間接事実・徴憑）から，証明すべき事実が認められるかを経験則に照らして判断する。

　例えば，本件で中之条医師がうっ血性心不全を疑っていたかどうかにつき，裁判官がカルテの記載などから，はっきりとした心証をもつことができれば，その事実に基づき判決をすればよいが，直接証拠からはどちらとも決められないという場合には，中之条医師が採った処置やその他の言動，花巻医師の説明を記載した報告書，問診に対する母親の回答等々の諸事情を総合的に判定するということになる。

　証拠調べの結果や徴憑を総合しても，特定の事実主張が真実であるとの心証にも，真実でないとの心証にも達しないことがあり，そのときは，「証明責任」を負う側に不利な判決をすることになる。

　なお，損害が生じたことは認められるが，その損害の性質上その額を立証することが極めて困難であるときは，その額の立証がないときでも，裁判所は相当な損害額を認定して，その支払いを命じることができる（民訴248条）。

(4) 判決の種類

① 終局判決・中間判決　　一審・二審・三審のそれぞれの審級の審理を完結する判決を終局判決という。当事者間で訴訟中に争いとなった事項や訴訟における先決事項について，審理の途中で，審理を整理するためになされる判決が中間判決（民訴245条）である。

② 終局判決は，訴訟判決（訴えを却下する，門前払いの判決）と本案判決（請求についてなされる判決）に大別される。本案判決には，請求認容判決・請求棄却判決・請求の一部認容・一部棄却判決がある。

③ また，終局判決は，被告に給付を命じる給付判決（本文の一審判決もこれ）と，権利・義務などの存否を確認するだけの確認判決と，その判決によって新たに権利関係を形成する形成判決（例えば，離婚判決）に分けることができる。

(5) 判決の確定と確定判決の効力

① 判決の確定　　終局判決が上訴によってもはや取り消される余地がなくなったとき，判決は確定する。一審や二審の判決では，上訴がなされないまま上訴期間が経過したとき，上訴があったときは，その上訴審の判決が確定したときに確定する。

② 確定判決の効力　　確定した給付判決は，それに基づいて強制執行を求めることができるという効力（執行力）がある。また，形成判決が確定すると，判決の主文が認める権利関係が発生するという効力（形成力）が生じる。さらに，すべての種類の確定終局判決に「既判力」という効力が認められる。請求につき判決においてなされた判断が，同じ事項が後の訴訟において問題となるとき，後の裁判官を拘束し，先の判決における判断と異なる判断をすることが許されないという効果が既判力である。テキストのケースで，控訴がなされず，163頁以下の判決が確定したとすれば，病院や中之条医師は，第一審の口頭弁論が終結した時に金43,684,870円の損害賠償義務がなかったと主張し，争うことはできないし，緑川もこの金額以上に賠償請求権を有すると主張することはできない。

(6) 仮執行宣言

一定の給付を命じる判決がなされても，その判決が確定するまでは，強制執行をする効力（執行力）が生じないのが原則である。相手方が上訴すると，上訴審での判決がなされ，それが確定するまで，第一審の判決も確定しないから，強制執行のできる時期も，それだけ遅れることになる。そこで，権利の実現を早めるために，申立てにより，または職権で判決に仮執行宣言を付すことができ，これが付されると未確定の判決でもそれに基づいて執行することができる（民訴259条・310条・376条）。

仮執行宣言付き判決に基づく執行も，執行としては確定判決に基づくものと何ら違いはない。執行後に，その判決が取り消されるようなことがあれば，執行を受けた者に対

して損害賠償をしなければならず（民訴260条2項），その損害賠償請求権のために担保を立てることを条件として仮執行を認めるとする宣言が多い。また，逆に被告のほうが，担保を立てれば，その仮執行を免れうることを，合わせてあらかじめ宣言（仮執行免脱宣言）しておくこともできる（民訴259条3項）。

医事関係訴訟事件及び地裁民事第一審通常訴訟事件の平均審理期間（平成17年～26年）

区分 年	医事関係訴訟事件*	地裁民事第一審通常訴訟事件
平成17年	26.9　　　（月）	8.4　　　（月）
18年	25.1	7.8
19年	23.6	6.8
20年	24.0	6.5
21年	25.2	6.5
22年	24.4	6.8
23年	25.1	7.5
24年	24.5	7.8
25年	23.3	8.2
26年	22.6	8.5

（注）1　地裁民事第一審通常訴訟事件数には，医事関係訴訟事件数を含む。
　　　2　医療関係訴訟事件には，地方裁判所及び簡易裁判所の事件が含まれる。

（最高裁判所・発表データ）

第9章　控訴の提起

42　被告側の亀裂
43　控訴の提起
44　原告側の附帯控訴，審理の開始
45　和解の成立
46　エピローグ

42　被告側の亀裂

　一審判決は，原告の請求を全額は認めなかったものの，被告らに賠償義務ありとされたことで，被告側にとっては実質上，敗訴判決であることに変わりはない。事実，被告側の受け止め方は，全面敗訴というに等しいものであった。
　一審敗訴の結果が被告側に与えた影響は，かなりのものであった。理事長と事務長は，あからさまに裁判所の判断に不満を唱え，弁護士菊池にも見通しの甘さについて苦言を述べた。地元紙の夕刊に，病院の写真入りで，「医療ミスで陵南総合病院敗訴」と伝えられたこともあって，一審敗訴のニュースは，またたく間に病院の勤務医や看護師にも知れわたった。昼食時の職員食堂などでの中之条に対する周囲の視線や態度も，どことなく，ぎこちなかった。仕事のうえでの看護師やほかの科の医師やレントゲン技師との連繋や接触にも，名状し難い気まずさがあった。
　判決が送達されて5日後，病院首脳陣に中之条を交えて，この件について今後どうすべきなのかをめぐって会合が持たれた。しかし，そこに菊池弁護士の姿はなかった。菊池は会議に呼ばれたものの，出張を理由に出席を断っていた。菊池は，一審判決が出たところで，この事件を降りるつもりであった。菊池には，菊池なりのこの事件の受け止め方があり，言い分があった。河原田鑑定が出た頃から，この事件は被告側にやや不利な方向に傾いてきていることを感じ取り，特に和解の勧試がなされた時に，そのことを十分に説明して，何とか和解を成立させるように理事長と事務長を説得したが，すでに述べたような経緯から，結局，和解は流されてしまった。〈自分を信頼して事件を頼んだのであれば，専門家としての自分の状況判断とアドバイスを尊重してくれるべきだ。訴訟の前線に立たないで——つまり，状況を把握しないで——指揮だけ自分たちだけでとるというのは，代理人として最もやりにくい。そのあげくに，代理人に責任をすべて押し付けるというのは，依頼者としては身勝手過ぎる。あの時に，和解に応じていればこんなことにならなかったのに……〉というのが，菊池の心情であった。しかし，顧問先であるので，あまり強いことは言えない。毎月15万円の顧問料は，事務所の経費維持のためにそれなりに大きい。菊池

は，事務長から会議出席の要請がきた時に，理事長に電話口に出てもらって，もし控訴するということになれば，戦い方を変えるためにほかの弁護士を加えたほうがよいと伝えておいた。

　感情の亀裂は，被告側の内部にも生じていた。判決理由で，中之条医師の処置の不十分さが指摘されると，理事長と事務長は，一方では医療の専門家でもない裁判官に何がわかるかと反発しながらも，他方では，敗訴という動かし難い現実の前に，その原因をつくった中之条に陰に陽に不満と不信をつのらせた。これに対し，中之条のほうは，病院首脳の自分に対する風当たりを肌で感じながらも，病院首脳側が自分たちだけで和解を流してしまったことに対して改めて菊池弁護士と同様に不満をもち，また，この事件を，もっぱら病院の財政，職員の士気，外部に対する風評などの経営的な観点のみから処理しようとしてきた姿勢に対して，一層の不信をつのらせた。このような経営首脳側と中之条との微妙な行き違いは，対策会議の席上でも現れた。

　病院首脳陣は，名古屋高等裁判所に控訴することを決めていた。控訴審の弁護士は，これまでの菊池と川棚に代わって，事務長の知人の紹介で河村善太郎弁護士に依頼することになった。理事長と事務長はあらかじめ決められていたこの方針を病院関係者を集めた会合の席で報告した。そのうえで，事務長から，病院内に不必要な動揺や疑心を引き起こさないために，各科の責任者に，各科単位のミーティングにあたって，所属の職員に，今回の事件の真相を話して，病院側には今回の事件について言われるようなミスも責任もないので，その主張を通すために自信をもって控訴に臨むことを伝えてほしい旨を要請した。

　この会議が閉じられようとして，室内にざわついた解放感が漂った時，会議の主催者にとっては思わぬハプニングが起こった。中之条が発言を求めて立ち上がり，思いつめたように真剣な顔で，次のように述べたのが，そのはじまりであった。

　「わたくしは，本件で被告とされている者の立場から，またこの病院に勤務している医師としての立場から，一言発言させていただきます」。ざわついた空気が，急に静けさと緊張に包まれた。

　「わたくしが採った処置が原因で，皆様方にこのようなご心労をおかけし，また様々のご迷惑をおかけいたしまして，その点はこれまでも度々申し上げて

きましたように，誠に申し訳なく心苦しく思います」
　中之条の言葉がしばらくとぎれた。理事長は，中之条が一同に改めて詫びを入れるために発言を求めたと思って，
　「中之条さん，その点はもういいよ。起こってしまったことは，しかたない。皆も，あなただけを責めようなどとは思っていないのだから」と，さえぎるように言った。しかし，中之条は，理事長のとりなしに反応することなく，言葉を続けた。
　「わたくしは，今回の判決が出て，わたくしが行った処置と治療に本当に言われるような非難されるべき点があったのかどうかを，この2年あまりの重く苦しい毎日のいわば総決算と言えば大げさですが，一つの節目として，冷静にふり返って考えてみました。法律的な責任追及ということになりますと，どうしても治療が正しかったか正しくなかったかという二極構造で判断されることになりますが，そして今回の判決もそのような割り切り方をしているようですが，しかし具体的な状況の中で1人の人間としての医師がどのように対応すべきであるかということになりますと，事柄はそう単純には，割り切れない，と思います。平均的な病院や一般的な医療水準という物指しで計るのではなく，あの時の夜間の当病院での当直医の立場に置かれたわたくしが，そして本病院が，あの具体的な状況の中で何ができ，どのようなことをすべきであったかを問題にすべきではないかと考えるものです。実は，今回の裁判でも，わたくしは，理事長と菊池先生にそのことを度々申しましたが，ほとんど取り上げてもらえませんでした。ご承知のように，当病院は医師の半数近くは非常勤ですし，看護師も正規の看護師は少ない。医療施設も，わたくしどもが度々お願いしておりますが，予算がないということで旧態依然の状況です。夜間の医療体制は非常勤は使えませんので，必然的に手薄になります。こういう状況の中で，夜間の当直を命じられた勤務医が，どの程度のことができるのかが，わたくしにとっては何よりも重要なことです。わたくしは，控訴審では，このような角度から，本当にわたくしが法的な責任を負わなければならないのかどうかを改めて裁判所に，また，原告の緑川さんに問うてみたいと思います。
　そこで，お願いしたいことは，わたくしはわたくしで別に弁護士を立てて，ただいま申しましたようなことを，法廷で明らかにしていくことをお認めいた

だきたい，ということであります」
　一同にはしばらく言葉がなかった。荒木小児科部長は，明らかに狼狽の色をみせて，理事長と中之条に交互に定まらない視線を注いだ。やがて，理事長は背筋をのばして，憮然とした表情で言った。
「中之条さん，あなたはこの病院が人や施設の面で不十分だからあんなことになった，悪いのは病院である，法廷でそのことを暴露したい，ということなのかね」
　中之条「病院の体制自体を批判するつもりは毛頭ありませんし，そのように申したつもりもありません。わたくしは，ただ，今回の件についてわたくしの責任が問題とされる以上は，わたくしという1人の人間としての医師が置かれている具体的環境を抜きにしては語ることができないのではないか，という趣旨です。一審では，その点について言い分を尽くさせてもらえなかったので，今度はぜひとも自分でも納得できるだけの争い方をしたい，それだけのことなのです」
　理事長が，身を乗り出して何かを言おうとしたが，今度は事務長が引き継いだ。
「中之条先生，これだけは申しておきたいと思いますが，この件で病院の立場と先生ご自身のお立場とで，まったく違うように受け止められているように伺いましたが，それはお考えが少し足りない。わたくしどもも，先生に向こうが言うようなミスも責任もないと考えておりますからこそ，こうやってがんばっているわけですし，これからもお互いに知恵を出し合い協力し合っていかなければならん，と思っとるのです。確かに，病院としては経営維持という立場はありますが，しかし最終的には先生に対する不当な言いがかりをはらすということでは一致しています。それに，この病院に勤務していただいている以上は，多少は経営者が置かれている立場にもご理解をいただかなければ」
「その点は理解しているつもりです。わたくしは，理事長や事務長に経営者としてのお立場を捨ててほしいと言っているわけではないのです。ただ，お願いしているのは，わたくしはわたくしの立場からこの訴訟に対応することをお認めいただきたい。それだけのことなのです」中之条は，耳を真っ赤にして反論した。

「中之条先生，おっしゃることはわかりますが，この大事な時期に私どもの間で分裂行動をとるということは，向こうに対しても裁判所に対してもまずいのではないですか」

中之条も，その点は確かにそうだと思った。弁護士に支払う費用のことも頭をよぎった。しかし，と思い直して，中之条が何か言おうとしたところ，荒木小児科部長がタイミングよくまとめ役を買って出た。

「理事長，ただいまの件につきましては，もう少し時間をいただけませんか。わたくしも，中之条さんからじっくり話を聞き，よく話し合ったうえで，改めて理事長にご相談いたしたいと思いますので。いずれにしても，上訴して争うという結論では，中之条さんも同じ考えなのですから，今日はそのことが確認された，そこでとりあえず上訴の手続をとっていただく，ということでよろしいかと思います。中之条さんも，その点には異存がないのでしょう？」

中之条は，曖昧にうなずいた。会合に参加した者の間になんとなくモヤモヤした後味の悪さを残しながらも，とりあえず早急に河村弁護士に控訴の手続を依頼するという方針が，理事長によって，もう一度確認された。

43　控訴の提起

数日後，理事長から陵南総合病院と中之条医師の代理人となることを正式に依頼された河村弁護士は，快く事件を引き受けた。一審の記録一切も，前任者の菊池から病院の理事長を通じて，河村のもとに届けられた。河村弁護士には，控訴審の着手金とともに，控訴状に貼る印紙の額が現金で届けられた。印紙額は，一審の1.5倍である。

控訴期間の最終日である平成27年11月25日，河村弁護士の手による控訴状が原審である名古屋地方裁判所に提出された。

控訴状は，とりあえず控訴をして一審判決を確定させないための書面である。原判決の認定判断に控訴人としてなぜ不満があるのかの具体的な言い分は，控訴の提起から50日以内に，「控訴理由書」という別個の書面を書いて，裁判所に提出しなければならない。

河村は，原審の記録を2日かかって読み込み，詳しいノートを作った。その

うえで，まず中之条と荒木から話を聞き，明くる日，事務長と理事長にも会って今後の方針のあらましを確認した。そして，事務所が静かな深夜と朝の時間を使って，5日間かけて控訴理由書の原案を書き上げた。縦書きの原稿は事務局の手によってパソコンに入力され，横書きＡ４用紙15枚にわたる書面は，理事長と中之条にそれぞれファックスされて意見が求められた。

　河村が最も苦労したのは，中之条の考え方と病院首脳の立場との調整であった。控訴理由書の骨子は，次の3点にあった。
　①　由佳の死因をうっ血性心不全と断定するのは，十分な根拠に基づくものではないこと。
　②　中之条が行った当夜の診断と措置は，当夜の状況と病院の施設，体制からは，過失があるとは言えないこと。
　③　原判決の認定によるも，中之条が行った措置と由佳の死亡との間に因果関係があるとは言えない。それにもかかわらず中之条および病院の法的責任を肯定した原判決には重大な誤りがあること。
　それぞれの論点につき，原審での主張および証拠と原判決の認定および理由とをつき合わせながら，その判断が誤りであるとの主張を具体的に展開したのである。
　事務長と中之条からは，これで結構です，というファックスが返された。事務長からは，「さすがと感銘しています。理事長も，これで逆転まちがいなしと喜んでおります」と書き添えてあった。

44　原告側の附帯控訴，審理の開始

　控訴状の送達を受けた緑川側は，草津の判断によって，被告側の控訴の機会に自分の側も一審判決が請求額を若干削った点を不満として控訴（附帯控訴）をしておく方針を立てた。草津と大曲は，被告らの責任が認められ，賠償額もまずまずであると受け止めたが，附帯控訴することによって，こちらにもより有利な判決が得られる余地を残しておくのがよいと判断した。緑川にも異存はなかった。

草津は，控訴審の第1回期日である平成28年1月25日に附帯控訴状を提出して，原審での請求額48,684,870円全額を認める判決をしてほしい旨を申し立てた。
　第1回口頭弁論期日には，まず，河村の控訴状および控訴理由書の陳述，これに対する草津の控訴棄却を求める申立て，草津の附帯控訴の申立てとこれに対する河村の附帯控訴棄却の申立てという型どおりの手続が行われた。
　引き続いて，合田卓也裁判長が「第一審の弁論の結果を陳述しますか」と尋ねると，草津は事務的に「はい」と答え，河村は，うなずいた。控訴理由に対する草津側の答弁は次回に持ち越され，わずか5分ほどでその日の期日は終了した。河村は，控訴審では初回期日で審理が終わって，次回は判決言渡しという場合も少なくない中で，弁論が続行されることになり，ひとまずホッとした。

　次回期日では，草津の準備書面（反論書）による陳述が行われた。草津のそれは，前回の河村の控訴理由書に対応するもので，原審における主張と証拠調べの結果を引用しながら控訴人の主張に反論し，原判決の正当性を主張するものであった。
　合田裁判長は，控訴審で提出された書面と一審の分厚い記録を前に置いて，眼鏡越しの温和な眼差しで，壇上からやや遠慮がちに語りかけた。
　「本件の事実関係と争点は，すでに第一審で出尽くしているように思いますが，どうでしょうか，もうこのあたりで話し合いで解決なさるご意向はありませんか」
　和解の打診である。合田裁判官は，和解積極派の1人として裁判官仲間だけでなく，名古屋地区の弁護士にも知れわたっている人であった。河村にとっては，ある程度予想もし，内心密かに期待していた提案であった。実は，病院の理事長から，できれば和解をしてほしいと密かに頼まれていたのであった。河村は，職業柄身に着けたポーカーフェースを装って，
　「わたくしのほうは，結構です。ただ，保険会社の意向と都合も聞かなければなりませんので，少し先に和解期日を入れていただきたいと思います」と答えて，草津のほうの反応を窺った。草津は，あまりに早い和解の打診に一瞬，戸惑いを覚えたが，和解になっても原審判決の結果とそれほど離れた解決には

ならないであろうと判断して，

「とりあえず和解期日を入れていただくことには，わたくしのほうも異存はございません」と答えた。和解期日であれば，河村が提出する準備書面に対する反論を書くという骨の折れる仕事からさしあたりは解放されるという思いも，草津の心中をよぎった。

こうして，三者三様の思惑を背後に秘めながらも，次回は和解期日が指定された。傍聴席には，被告側の関係者の姿はなかったが，緑川和子は今日も出てきていて，このやりとりをじっと見守っていた。

45　和解の成立

次回期日。3月というのに寒気が南下して小雪の舞う日であった。まず，原告側の草津が裁判官室に呼ばれた。その間，緑川は廊下で待っていた。合田裁判官が和解を勧める際のいつものやり方で，まずそれぞれの代理人を個別に呼んで専門家同士の呼吸でその意向を確かめ，話を詰める段階では本人も同席したところで案づくりを行うという手順である。職人としての法律家同士の共通意識があるためか，合田にはこのような方式が最もスムーズにいくという，経験から得られた自信に近いものがあった。代理人（弁護士）は，本人の利益を代弁する者ではあるが，本人からは多少距離を置いて，事件の法的な道筋を見通すことができる立場にあるので，その見通しとどこまでなら歩み寄れるかの目安を立てておくことは，話し合いをはじめるにあたってまず必要である，というのが合田の和解哲学であった。草津は，金額は一審判決を下回らない線を希望すること，原告本人は，この訴訟を起こしたいきさつから，相手方が何らかの責任を認めて緑川の気持ちを多少なりとも癒す言葉を和解条項に取り入れることを望んでいることを伝えた。

合田は，本人の気持ちはわからないではないが，損害賠償そのものが原告の気持ちの慰謝という意味をもっているので，和解条項にそのような責任を認める条項を入れる必要はないと思うし，和解の慣行からもちょっと無理ではないかと言って，その点は，草津のほうから緑川本人に十分に説明して了解してもらってほしいと要請した。

加えて，合田裁判長は，表情を変えないまま，記録をめくりながら意味ありげに言った。
　「まだ，当審での1回ずつのそれぞれのご主張しか出されていませんが，率直に申しまして，私どもの合議では，原審のように控訴人側の過失を認めることができるかどうかについては，なお，検討を要することになっています」
　草津「……原審の判断がおかしい，というご趣旨ですか」
　合田「いや，そうは申しておりません。過失を認定できるかどうか，微妙で難しい事案である。したがって，なお検討を要するという趣旨です。再鑑定も必要になるかもしれません。まだ，記録を読み込んでいないので確定的なことは申しませんが」
　草津は，合田の言葉を真意として受け止めていいのか，和解を勧めるための戦略なのか，計りかねたが，あまりいい思いでないことに変わりはない。
　草津の戸惑いを見て，合田は，「控訴人と交代していただけますか」と促した。
　草津が退室すると入れ替わりに，河村が書記官に呼ばれて裁判官室に入った。河村に対しては，どこまでなら歩み寄れるかの打診が行われた。河村は，保険会社の意向もあって，3000万円までの線──これは一審の認容額の約70パーセントにあたる──までなら支払う用意がある，と答えた。合田は，草津には伝えた過失の点は，河村には伝えなかった。
　当事者双方の思惑の違いにもかかわらず，合田は本人を交えて話し合ってみれば，なんとかなりそうだとの見通しをもった。早速，名古屋高裁での「準備手続室兼和解室」が，そのための場として設定された。裁判官室の横の部屋では，関係者全員が話し合うには狭すぎるからである。合田裁判長からの要望もあって，今日は被告病院の理事長も中之条も出てきていた。
　予想されたことではあるが，話し合いはかなり難航した。しかし，合田は，あるときは身を乗り出して本人の意見や言い分に穏やかな表情で耳を傾け，あるときはやや厳しい表情で〈そういう見方もあるが，他方の立場からはこういう見方もできる〉というように客観的な第三者の立場に徹してそれぞれの言い分の問題点を衝いて，譲歩と反省を求めた。緩急よろしきを得た，粘り強い対応であった。こうしたやりとりが1時間以上続いたのちに，合田裁判官は，夕

イミングをみて，自分の側から一つの妥協案を出したいが，それをもとに検討してもらえないか，と提案した。双方の代理人は即座に了承し，本人たちもあえて異を立てなかった。弁護士たちはもとより，緑川も，中之条も，それに病院理事長も事務長も，それぞれの立場と意見は出尽くしており，これ以上この話し合いを続けても，進展はないであろうことを肌で感じていた。こうなったら，裁判官に下駄を預けるしかない，このような雰囲気が関係者の間に自然に出来上がっていた。

合田裁判長の提案は，被告側から原告に3400万円を支払うこと——これは一審の認容額の約80パーセントにあたる——というものであった。提案額の理由を，これまでの訴訟経過やこの日の話し合いの経過を踏まえて説明したのちに，合田は，一息入れたいので，30分ほどの休憩の間にそれぞれで検討し態度を決めてほしい，と言ってひとまず裁判官室に向かった。

休憩の間に，原告側は廊下に出，被告側はその部屋に残って，検討が行われた。草津は緑川に「どうですか」と尋ねたが，緑川はしばらくモゾモゾしていて，逆に草津に

「先生からみていかがですか。なにぶんにも，法律のことはよくわかりませんし，和解なんてはじめてのことですから」と言って，意見を求めた。草津は，
「あの和解案には，金額の点では不満ですが，私は，受けたほうがいいと思います。判決になれば，逆転敗訴するリスクもありますし」と答えた。

緑川「わたくしも，お金の問題にはそれほどこだわりませんが，由佳が亡くなったことに対して中之条先生や病院はどのように考えておられるのか……」

これには，大曲が，本件の請求が損害賠償を求めているのであるから，和解の条項でもその点に触れないのは，やむを得ないところがあるし，それに第一審で被告側の責任が認められている以上，それは現在も生きている。一審判決プラス和解と考えれば，その点の和解条項の曖昧な表現には，それほどこだわらなくてもよいのではないかと思う，と説明した。緑川は，それもそうだと思った。それに，緑川にとっては，今日だけでも緊張の連続で，いいかげんにうんざりしていた。緑川は，それ以上何も言わなかったが，「このあたりで収めるほかないであろう」という雰囲気が，緑川と2人の弁護士の間には出来上がっていった。

和解案には，被告側もかなり難航した。理事長と事務長は，金額が高すぎると不満を述べた。しかし，河村の勧めによって，事務長が携帯電話で保険会社と相談してみることになった。保険会社の担当課長が，会社で待機して，事務長からの連絡を受ける手はずになっていた。河村も電話に出て，これまでのいきさつを話し，何とか了承を得たい旨を伝えた。こうして，時間はかなりかかったが，保険会社の了承もとれて，ついに理事長もこれでやむを得ないと決断した。
　こうして，予定の休憩時間を20分ほど過ぎた頃，裁判官室で合田裁判官に呼ばれた草津・大曲と河村は，その線で受け入れることを伝えた。あとは，支払方法とその期限が打ち合わされたのち，直ちに和解条項が作られた。条項の内容が，弁護士だけでなく関係者本人たちも同席した場で，もう一度読み上げられた。そして，ところどころで，緑川や中之条にわかりやすい言葉で説明が加えられて，関係者全員に異存のないことが再確認された。第3回口頭弁論調書（和解）の中に請求の趣旨および原因の表示に続いて，裁判官の指示に基づき書記官が書き入れた和解条項は，次のような内容であった。

和 解 条 項

1　控訴人らは被控訴人に対し，連帯して，本件緑川由佳の死亡についての損害賠償金として金34,000,000円の支払義務あることを認め，これを平成28年3月31日限り被控訴人代理人草津三郎名義××銀行小路支店普通預金口座123567に振り込んで支払う。
2　被控訴人はその余の請求を放棄する
3　被控訴人と控訴人らとの間には，本件につき，本和解条項に定める事項以外には何らの債権債務がないことを相互に確認する。
　訴訟費用は各自の負担とする。

　　　　　　　　　　　　　　　　　　裁判所書記官　日野　礼二　㊞

　このような和解条項を記載した文章は，一般に「和解調書」と言われる。この調書の写しに，これが「正本」であることを書記官によって確認された1枚

の用紙が添付されて，草津と川村の事務所に送り届けられた。

46　エピローグ

　和解金は，保険会社を通じて約束の期限どおり草津の預金口座に振り込まれた。草津はその中から2人で300万円の報酬を受け取りたいと緑川に申し入れた。緑川は，快く了承した。

　4月になって，和子は由佳の墓に参った。
　「お母さんは，あなたのためにこの2年間あまり一生懸命やってきたつもりですが，本当にそれがよかったのでしょうか」和子は自嘲気味に由佳に語りかけた。和子は，母親として責任を果たしたという思いにひたりながらも，裁判で勝ったという充実感も湧いてこなかった。
　「でも，ほかに方法がなかったですものね」線香の煙が立ち昇る中で，和子はいつまでも無言の由佳に話しかけていた。
　由佳にさよならを言って，ふと我に返り，まわりを見回すと，木々からあふれんばかりに桜の花が鮮やかだった。
　「きれいだね……，由佳」
帰り道，和子は一句を句帳に書き留めた。

　「満開の桜の木には登れない」

　「登れない」に思いを込めたつもりである。
　緑川は，この句を草津への礼状に書き添えた。草津からの返しのハガキで，草津がこの句を川柳と取り違えているらしいことを知り，緑川は，改めてこの2年あまりの裁判の体験を振り返りつつ，法曹界で仕事をする人々との感性の違いを感じた。

　中之条猛は，平成28年3月まで陵南総合病院に勤めたが，4月からは三重県の郷里に帰って小さな内科・小児科診療所を開業した。退職と開業を知らせ

るハガキは，緑川のもとに届いた。中之条と並んで,「美津子」の自筆の名前があった。
　この年の9月19日。名古屋では有名な花店を通じて，胡蝶蘭を交えた立派な花桶が届けられた。送り主は中之条猛であった。和子にとって，それは思いがけないことであった。そして，その後も由佳の命日になると，中之条からの供花は毎年続いた。緑川は，その都度，一句を添えて簡単な礼状を書いた。

【第9章 解説】

(1) 控訴の提起

　第一審で敗訴した被告側が、控訴した。第一審の判決が出された場合、それを最終的なものとして当事者に文句を言わせないようにしてしまうのは妥当でないので、上級の裁判所に第一審判決に対して不服を申し立てる途を用意して、上級審——本件では控訴審——で引き続き争う機会を与えているのである。高等裁判所が控訴審であるときの控訴審判決に対しては、憲法違反や重大な手続規定違反の場合には、当然に上告が認められ（民訴312条）、従来の最高裁等判例と異なる判断をした判決や、法令の解釈に関する重要な事項を含む判決に対しては、申立てに基づき最高裁判所で上告を受理する決定があれば、上告事件として処理される（民訴318条）。なお、第一審の判決に対する控訴率については、後掲の表を参照のこと。

(2) 附　帯　控　訴

　控訴を提起できるのは、第一審判決で自己の要求が完全には充たされなかった当事者である。したがって、本件では、被告らは当然に控訴の利益を有する。原告も、自己の請求額が全額は認められず、一部削られているので、控訴しようと思えばできたが、自分のほうからは控訴をするつもりはなかった。しかし、被告側が控訴して争いを続けていこうということなら、自分のほうも原判決に不満を唱えて、原判決で認められた賠償額よりも有利な判決を得たいとして、被告らが開始した控訴審手続の中で、いわばついでに不服を申し立てたのである。これが附帯控訴と言われるもので、自分の控訴期間を過ぎてしまっていても、申し立てることができる（民訴293条）。その代わり、附帯控訴は、文字どおり、被告の本来の控訴に便乗してくっついているにすぎないから、被告が控訴を取り下げれば、原告の附帯控訴もなかったことになる。

(3) 続　審　制

　控訴審の手続は、第一審で行われた主張や立証活動の結果を基礎としながらも、控訴審での新たな資料をも加えて、第一審判決の当否を審査するというやり方がとられる。第一審の手続に続行して事件の審理が行われるので、この方式は「続審制」と呼ばれる。本件の控訴審手続の冒頭で、「第一審の口頭弁論の結果」を援用・上程する旨の陳述が行われているのも（民訴296条2項）、控訴審が第一審手続の「続行」であるからである。

(4) 不利益変更禁止の原則

　控訴審では、このようにして事件の審理が続行されるが、控訴審で原判決を変更できるのは、当事者が「不服」を申し立てた範囲に限られる（民訴304条）。例えば、本件

でもし，被告だけが控訴して原告が附帯控訴をしていなかったとすれば，控訴審は原判決が認容した額を超える賠償額の支払いを命じることはできないし，逆に，原告だけが控訴していたとすれば，控訴審は原判決の認容額を下回る額の支払いを命じる判決はできない。これは，「不利益変更禁止の原則」と言われて，上訴の基本的な約束ごとの一つである。本件で，原告が附帯控訴をしたのも，このような理由からである。

(5) 共同訴訟人独立の原則

本文から窺えるように，本件では，控訴提起にあたって，陵南総合病院首脳と中之条医師との間に微妙な立場の違いと亀裂が生じている。もし2人の被告のうちの一方だけが控訴を提起して，他方が控訴しなかったら，どうなるか。また，両方とも控訴したとしても，控訴審で別々の主張や訴訟活動ができるか。特別な訴訟の場合は別として，共同訴訟人はそれぞれ独立であるから，足並みを揃える必要はないし，一方の訴訟活動は他方には影響や効果を及ぼさないことになっている（共同訴訟人独立の原則，民訴39条）。したがって，もし中之条だけが控訴して病院が控訴しなかったとすれば，緑川と中之条との間の訴訟だけが控訴審に上がっていき，緑川と陵南総合病院との事件のほうは，第一審判決通りに確定することになるのである。

また，中之条が「病院の施設や監視体制が十分でない」と主張しても，病院がその主張をしたことにはならない。このように，共同訴訟人の他方にとっても有利である主張も，その者の援用がなければ，主張があったことにならない（主張は当然には共通にならない）が，証拠については，その証拠を提出しない共同訴訟人の事件にも効力をもつ（これを証拠共通の原則と言う）。

(6) 控訴審における和解の特徴

控訴審でもしばしば和解がなされる。控訴審を含めれば，民事の訴訟事件の和解率は5割を超える。

控訴審における和解の特徴は，第一審判決での勝敗が和解の契機と内容を方向づける，という点である。したがって，一審で勝訴している側は一審判決を大きく下回る内容の和解には応じ難い反面，敗訴している側は一審判決の線に近い内容で和解に応じやすい。

また，当事者には，一審を通じてこれまで自分側の言い分を十分に展開してきた，やることはやったという満足感と，紛争の長期化への厭戦気分がある場合も多い。これが，控訴審での和解を促進する動機になる。

控訴率と上告率（平成26年）

区　分	控訴率（％）	上告率（％）	上告受理申立て率（％）
地裁通常事件	22.3	27.4	32.3
地裁行政事件	59.0	44.4	49.0

（法曹時報67巻11号3317頁および3323頁に基づき作成）

事 件 経 過 表

年　月	訴訟手続内経過	訴訟手続外経過
平成 21 年		
3・10（火）		緑川由佳，誕生
平成 22 年		
9・8（水）		守口循環器医療センターにて心臓手術
平成 25 年		
9・16（月）		緑川由佳，体調の不調を訴える
9・18（水）		花巻医院で受診，その後，陵南総合病院に転院・入院
9・19（木）		緑川由佳，死亡
10・9（水）		緑川，叔父と一緒に中之条訪問，テープ録音
11・13（水）		緑川，名古屋弁護士会の法律相談に行く
11・20（水）		緑川，草津法律事務所を訪れる（1 回目）
11・21（木）		緑川，委任状，着手金，録音テープを草津事務所に持参（2 回目）
11・27（水）		草津，花巻医院を訪れる
12・3（火）		緑川，草津法律事務所を訪れる（3 回目）
12・6（金）	証拠保全の申立て	
12・11（水）	証拠保全についての事情聴取	
12・12（木）	証拠保全決定・同実施（病院内でカルテ等の謄写）	
12・13（金）		病院側の対策会議
平成 26 年		
1・14（火）		緑川，草津法律事務所を訪れる（4 回目）
1・15（水）		草津と大曲，訴状案の検討
1・16（木）	訴状を裁判所へ提出	
1・17（金）	原告側「参考事項の聴取書」に FAX で回答	
1・23（木）	訴状・期日呼出状の送達	
1・28（火）		被告病院側対策会議
1・29（水）	被告側「参考事項の聴取書」に FAX で回答	
2・21（金）	被告側答弁書提出	
2・25（火）	第 1 回口頭弁論期日 訴状，答弁書陳述，甲 A 第 1 号証ないし甲 C 第 5 号証提出，次回以降，弁論準備手続を行うとの決定	

3・31（月）		原告準備書面(1)提出
4・15（火）		被告準備書面(1)提出
4・22（火）		第1回弁論準備手続期日

原告準備書面(1)，被告準備書面(1)陳述，採られた処置，死因の主張責任についての主張と反論，専門委員関与の決定

5・20（火）		被告準備書面(2)提出
6・2（月）		原告準備書面(2)提出
6・12（木）		第2回弁論準備手続期日

原・被告，各自の準備書面(2)陳述，甲B第6号証，甲B第7号証，乙B第1号証ないし乙A第2号証の3提出，既提出の書証の認否，争点の整理①，専門委員による説明，審理計画の策定

7・14（月）	被告病院に対する当事者照会
7・24（木）	被告病院，当事者照会に対する回答
8・1（金）	草津，花巻医院訪問（「報告書」作成）
8・21（木）	原告準備書面(3)提出
9・1（月）	被告準備書面(3)提出
9・9（火）	第3回弁論準備手続期日

原・被告，各自の準備書面(3)陳述，争点の整理②，鑑定についての相談

9・29（水）	原告証拠申出書，尋問事項書提出
10・7（火）	第4回弁論準備手続期日

甲A第8号証（花巻医師からの聴取報告書）提出，原告から緑川，中之条の本人尋問と深町，桜田，山田の証人尋問申請，被告から中之条の本人尋問申請，裁判所より緑川，中之条の陳述書提出要請

11・11（火）	第5回弁論準備手続期日

甲A第9号証（緑川陳述書）提出，緑川，中之条の本人尋問と深町の証人尋問採用，尋問順序，時間の打ち合わせ，花巻医師の紹介状につき書証提出の意見交換と原告からの文書提出命令申立書預かり，甲A第10号証（録音テープの反訳書）の取扱いにつき意見交換，結果陳述について裁判所からの要請，和解の打診と打ち切り

平成27年

1・13（火）	第2回口頭弁論期日

弁論準備手続の結果陳述，甲A第10号証採用，守口循環器医療センターに対する文書送付嘱託，緑川の本人尋問，深町の証人尋問，鑑定人についての意見の交換

1・28（水）	裁判所より鑑定人候補者と鑑定事項等の案のFAX連絡

2・10（火）	**第3回口頭弁論期日**	

2・10（火）　**第3回口頭弁論期日**
　　　　　　中之条の本人尋問，文書提出命令申立て（預かり）につき必要なしとの判断，鑑定に関する意見交換（鑑定事項，鑑定資料，共同申請など），鑑定人候補者河原田への依頼を決定
2・16（月）　裁判官と河原田鑑定人，鑑定事項につき意見交換，鑑定期限を設定
5・1（金）　河原田，鑑定書提出
5・8（金）　被告より鑑定人質問と再鑑定を求める申請書提出
5・26（火）　**第4回口頭弁論期日**
　　　　　　鑑定人質問
6・23（火）　原告準備書面(4)提出
6・26（金）　被告準備書面(4)提出
6・30（火）　**第5回口頭弁論期日**
　　　　　　原・被告，各自の準備書面(4)陳述，和解の打診
7・21（火）　**第1回和解期日**
　　　　　　和解の試み
9・14（火）　**第2回和解期日，第6回口頭弁論期日**
　　　　　　和解不調，口頭弁論終結
11・9（月）　**判決言渡し**
11・11（水）　原告，被告に判決正本送達
11・18（水）　被告側の訴訟代理人，河村善太郎氏に交代
11・25（水）　被告，控訴状提出
12・25（金）　控訴理由書の提出

平成28年
1・25（月）　**控訴審第1回口頭弁論期日**
　　　　　　控訴の申立て，控訴理由の陳述，附帯控訴状提出，附帯控訴の申立て，第一審の弁論の結果陳述
2・22（月）　**控訴審第2回口頭弁論期日**
　　　　　　被控訴人の準備書面陳述，和解の打診
3・10（木）　**控訴審第1回和解期日**
　　　　　　和解成立
3・30（水）　控訴人，和解金支払い
3・31（木）　　　　　　　　　　　　中之条医師，陵南総合病院を退職，4月から内科・小児科診療所開業

『アクチュアル 民事の訴訟』の演習問題

Excise for "The Actual Civil Procedure"

第1章　弁護士に会う

1　本件のような事件を解決するのには，民事調停はあまり適当ではなく，訴訟によるほうがよいと判断されているが，この判断は妥当か。調停と訴訟のメリットとデメリットを考えながら，訴訟を選択したことの当否を説明せよ。

2　被害者ないしその遺族から，診断結果，採られた処置，死因等につき説明を求められたときは，診療契約をした病院ないし担当医師は，法律上，それらを説明する義務があるか。また，本件の場合は，説明義務を尽くしたと言えるか。

3　資格を有する弁護士でも，その能力，技量，熱意，力の入れ方等にかなりの違いがある。自分の事件に適した弁護士を探すには，どのような方法があるか。また，そのような方法が見つからない場合は，どうすればよいか。

4　弁護士に訴訟事件を委任するときは，弁護士に「訴訟委任状」を差し入れるのが通常であるが，口頭で委任することは認められないか（書面の作成を要する要式行為か）。もし，書面が作成されないと，訴訟手続上，何かまずい点があるか。

5　弁護士が一般的に利用している「訴訟委任状」には，第一審で訴訟を追行して判決を得るという権限だけではなく，本文の草津弁護士が使用している委任状に見られるように，実に広範囲の権限が授権されているが，依頼者は，授与する権限を限定して，限定された権限だけを委任することができるか。もし，授与する権限を限定した場合，何か不都合な

ことが生じるか。

6 証拠保全は,「あらかじめ証拠調べをしておかなければその証拠を使用することが困難となる事情があるとき」(民訴234条)になされるものである。他方,医師は,診療をしたときは,遅滞なく診療に関する事項を診療録に記載しなければならず,その診療録は,病院や当該医師が,5年間は保存しなければならないことになっている(医師法24条)。本件では,証拠保全の必要な理由として,改竄のおそれがあるということが主張されているが,改竄のおそれがあるということで,証拠保全を認めてよいか。

7 第1章解説(2)でも紹介されているように,訴え提起前に「提訴予告」をしたうえで,「訴えを提起した場合の主張又は立証を準備するのに必要な事項」について相手方に照会したり,裁判所に証拠収集処分を求めたりすることができるが,本件では,この方法によることなく,証拠保全の方法が採られた。それはどのような理由によるか。提訴前の証拠収集処分と証拠保全とには,どのような違いがあるか。

第2章 訴訟の提起

1 第1章の解説(3)に弁護士報酬についての説明があるが,具体的な事件において,弁護士報酬は,どのように決定されるか。着手金はなしで,勝訴したときに成功報酬を支払う(敗訴すれば,1銭も支払わない)という契約をすることはできるか(有効か)。

2 本章の解説(4)において説明したように,訴状には,必要的記載事項(民訴133条2項)だけでなく,「請求を理由づける事実を具体的に記載し,かつ,立証を要する事由ごとに,当該事実に関連する事実で重要な

もの……を記載しなければならない」(民訴規53条1項)とされている。草津・大曲が書いた本件訴状は，この要件を満たしているか。

3 本件で，「請求金額は裁判所の判断に委ねる」という趣旨の申立ては許されるか。相対交渉では，交渉の冒頭で金銭をいくら支払えということ(結論)を言うようなことはあまりないのに，訴訟では，請求の趣旨が真っ先にでてくるのはなぜか。

4 被告の答弁において，原告主張の請求原因事実について，何ら理由を述べず単純に否認することは許されるか。また，単に「不知」と答弁することは認められるか。

5 弁護士の中には，自分のほうからは，事実や証拠をできるだけ後から提出し，相手方の出方をよく見たうえで，自分の方の主張や立証をするのが，一般的に言って，訴訟戦術として有効であると考えている人がいる。この「後出し戦術」は，ほんとに有利であるか。また，このような戦術は，現行民事訴訟法上認められるか。
　本件でも，「病院側からできるだけ情報を引き出すという訴訟戦術」を取ることが考えられているが，証拠が病院側に偏在している本件のような場合については，どのように評価されるか。

6 患者の側から，執ように多額の損害賠償の請求をしてくる場合，これに対して病院や医師の側からは，どのような対抗策があるか。

第3章　弁論の開始

1 訴訟物が，診療契約違反に基づく損害賠償請求権か，不法行為に基づ

く損害賠償請求権かによって，実体法上ならびに訴訟法上，どのような違いがあるか。

2 準備的口頭弁論（民訴164条以下）と，弁論準備手続とは，どこがどのように異なるか。本件において，準備的口頭弁論が用いられず，弁論準備手続が選択されたのは，どのような理由によると考えられるか。

3 裁判の（一般）公開は，なぜ認められねばならないか。傍聴人の存在は，弁論や審理にとってどのような意味があるか。また，傍聴人にとって，裁判の傍聴はいかなる意味と効果を有するか。

4 本文において見られるように，現実の訴訟では，訴状，答弁書，準備書面などの書面に記載されたことを陳述するという形で進められている。それはなぜか。このようなやり方は，口頭主義に反しないか。準備書面によって弁論の準備をすることが要請されるのはなぜか。

5 弁護士が訴訟代理人として訴訟を追行している場合，訴訟の当事者が口頭弁論期日や弁論準備手続期日に同席することには，どのような意味があるか。弁護士は一般に，当事者が自ら発言したり，当事者に直接質問されたりすることを嫌う傾向がある。その理由は何だと思われるか。また，そのような態度は妥当か。

6 専門委員に期待されている役割は何か。専門委員は，訴訟にどのように関与することができるか。本件で，専門委員が指定されたのはなぜか。

7 原告側の準備書面(2)では，被告らは，その準備書面(2)において，中之条医師に過失があったということを自白したものと解されると述べている。原告側の言うように自白があったとみてよいか。かりに自白であっ

たとして，何について自白があったと解されるか。

第4章　争点の整理

1 「計画審理」と「審理計画」とは異なるものであると言われることがある。両者はどのように異なるか。

2 複雑な事件であるのに「審理計画」を立てないで審理が行われていることがある。それは，いかなる理由によると思われるか。

3 審理計画が立てられた場合と，立てられない場合とで，手続の進め方や攻撃防御方法の提出の仕方に，どのような違いが生じるか。

4 「当事者照会」は，裁判所が関与しない手続であるのに，民事訴訟法に規定が置かれ，民事訴訟法上の制度とされたのはなぜか。また，これに関する規定が，「証拠」の章に置かれなかったのはなぜか。

5 当事者照会を受けた場合，除外事由（民訴163条但書）がある場合は別として，一般的に回答義務があるか。正当な理由もないのに回答がなされない場合，回答を求めた者には，何らかの対抗策があるか。

6 原告代理人から被告代理人が当事者照会を受けた。被告代理人は，照会事項について回答をすべきであると判断したが，被告本人は回答しないでほしいと言っている。被告代理人としては，どのように対応すればよいか。

7 花巻医師が証人として証言するのと，草津弁護士が花巻医師から聴き

取ったことを「報告書」として作成し提出することとでは，どのように違うか。

8 本件で，花巻医師が述べているような理由で，証人として出廷して証言することを拒否することができるか。もし，証人となることを許否できないとすると，草津・大曲弁護士は，なぜ花巻医師を証人として証言を求めなかったのか。また，被告側が，花巻医師の証言を求めなかった理由は，どのようなものと推測されるか。

9 本件の弁論準備手続において，本章の最後に記載されているように争点を整理したことに何か問題はないか。争点の整理は，主要事実に限って行うべきか，間接事実や補助事実についても行うべきか。

第5章　証拠（人証）の申出と証拠調べの策定

1 「証人及び当事者本人の尋問の申出は，できる限り，一括してしなければならない」と定められている（民訴規100条）。なぜ一括して申請することが要求されるのか。

2 当事者・訴訟代理人が必要と考えて申請した証人や当事者本人を全部調べるのではなく，その一部の取調べしかなされないことが多い。そのようなことが許されてよいか。また，許されるとすれば，その理由は何か。

3 本件では，緑川，深町，中之条という順番で尋問が行われているが，尋問の順序についての法規定は存在しないのか。また，本件では，上記のような順番で尋問をすることにしたのは，いかなる考慮に基づくか。

4 証人や当事者の尋問に先立って,「陳述書」が提出されたり, 提出されることが望まれたりすることがある。「陳述書」を利用することの, メリットとデメリットを比較するとともに, 陳述書を利用する場合に注意すべき点を指摘せよ。

5 違法な方法で収集された証拠でも, 証拠として利用できる場合と, 利用が認められない場合とが考えられる。両者は, どのような事情を考慮して, 振り分けられるか。本件の「録音テープの反訳書」は, 証拠となりうるか。

6 相手方当事者や第三者が所持する文書を証拠として裁判所に提出させるためには, 所持者にその文書の提出義務がなければならない(民訴220条)。どのような場合に提出義務があるか, また, その義務の存否はどのような方法で判断されるか。本件の花巻医師から被告病院ないし中之条医師に宛てられた「紹介状」は, 文書提出命令が求められれば, 提出する義務のある文書にあたるか。

7 弁論準備手続が終了すると, 手続法上どのような効果が生じるか。

8 弁論準備手続の結果の陳述は, なぜ必要か。本件で, 双方の弁護士に結果陳述のことが念頭になかったのは, なぜだと思うか。

第6章　本人尋問と証人尋問

1 本件で行われた「弁論準備手続の結果陳述」は, 結果陳述をなすことを規定した法律の趣旨に合致するものであったか。そうでなかったとすると, どのように陳述すべきであったか。

2 「弁論の更新」は，どのような場合に行われるか。なぜそのような手続が必要か。

3 「緑川と中之条は，当事者本人である。本人の供述は，あてにならないから，他の証拠で勝敗を決めかねるときの最後の手段として使われるべきである（当事者尋問の補充性）。したがって，深町を先に尋問すべきであるし，そもそも本人はすでに主張を行っているので，あらためて供述させる必要も乏しい」という意見を論評せよ。

4 わが国の民事裁判では，一般に反対尋問が成果をあげる場合は少ないと言われている。それはなぜか。そうでなくすためには，どうすればよいか。

5 弁論主義の適用のある訴訟では，当事者が主張しない事実は，判決の基礎とすることはできない。当事者が本人尋問を受けた際に供述した事実は，判決の基礎とすることができるか。また，裁判所に提出された「陳述書」に書かれていた事実を，判決の基礎とすることはできるか。

6 敵対証人でないときは，証人尋問を申請した側の弁護士は，証人になる者に事前に面会し，尋問にどのように答えるかをあらかじめ調べておくことが慣例となっており，事前の面接，打ち合わせをしないことは，弁護士の怠慢と解されるようになっている。このような措置に，何か問題があるか。代理人弁護士として，どのような配慮を必要とするか。

第7章　鑑定と最終弁論

1 鑑定人と証人とは，どのように区別されるか。当事者からの申立てが

ない場合，裁判所が職権で鑑定を行わせることは認められないか。

2 本件では，専門委員が任命されている。鑑定人の役割を専門委員が行うことは認められないのか。認められないとすれば，それはなぜか。

3 裁判所は，鑑定がなされた場合でも，鑑定人の意見を採用することなく，その意見とは異なる認定・判断をすることができるか。

4 平成15年の民事訴訟法改正で，鑑定の手続がいろいろ改正された。本文の鑑定手続において，この改正が関係する点を指摘せよ。

第*8*章　和解の不調と判決の言渡し

1 人証調べの前に行う和解と，人証調べ後に行う和解とで，異なるところがあるか。

2 実務では，和解は交互方式で行われることが多い。それは，いかなる理由によるか。次章の合田判事のように，交互方式と同席方式を併用することもあるし，当初から双方を同席させて和解を試みる裁判官もある。交互方式と同席方式とを比較して，いかなるメリットとデメリットがあるかを述べよ。

3 和解期日に弁論を終結することはできないか。できないとすれば，その理由は何か。

4 本件の第一審では，原告の請求額の約9割を認める判決がなされたが，本書に記されたような審理の内容からみて，このような判決は正当であ

ると評価できるか。次章の合田判事のいうように，被告側の過失を認定できるかどうかわからない事案であったとみるべきか。

第9章 控訴の提起

1 控訴はどのような場合に提起できるか。本件の原告側も控訴することができるか。もし，原告の請求が全部認められていた場合，請求を拡張するために控訴することができるか。被告が控訴したときに，附帯控訴という形でなら，請求の拡張は可能か。

2 控訴審では，一から審理をやり直すことになるのか。一審での主張や証拠調べの結果は，控訴審においてもそのまま効力を維持するのか。

3 原判決に対して控訴を申し立てる旨を記載しただけの控訴状を提出しただけで，50日以内に控訴理由書（民訴規182条）を提出しない場合，この控訴はどのように取り扱われるか。

4 本件で，もし病院だけが控訴し，中之条医師は控訴しなかった場合，原告は，直ちに中之条に対し一審判決で認められた4368万円余の支払いを請求することができるか。控訴審において，原告と病院との間で，3400万円を支払うという和解が成立した場合，中之条の債務も3400万円に減少するか。また，病院が3400万円を支払った場合，中之条の債務も3400万円消滅することになるか。原告に3400万円を支払った病院は，中之条に求償請求をすることができるか。求償できると解するときは，いくら求償することができるか。

5 病院に多額の賠償義務を認めても，病院に対して強制執行することは

難しい。そこで，病院の理事長が保証人になってくれるのであれば，和解に応じると原告が主張する場合，この原告の主張を容れるにはどうすればよいか。

事 項 索 引

あ 行

ADR　23
ADR 法　24
慰謝料　41
一応の推定　62
一部提出命令　105
逸失利益　41
一般公開　62
インカメラ審理手続　105

か 行

回答書　71
仮執行宣言　172
管　轄　43
管轄権　43
間接事実　42
鑑　定　142
　──の準備　143
鑑定決定　143
鑑定書　145, 146
鑑定人質問　147, 153
鑑定人の選定　153
鑑定補充書面　148
偽証罪　138
擬制自白　61
既判力　172
求釈明　83, 154
共同訴訟人独立の原則　190
共同代理　41
計画審理　81
勾　引　138
交互尋問方式　139
控訴の提起　180, 189
控訴理由書　180

口頭弁論　60
口頭弁論調書　61

さ 行

最終弁論　150
裁判官の合議　160
裁判官の交替　140
裁判所　43
裁判所書記官　32
裁判の公開（傍聴）　60, 62
裁判を受ける権利　60
参考事項の聴取書　31, 33, 36
私鑑定　154
自己使用文書　105
執行官送達　13
釈　明　62
自由心証主義　103
主尋問　139
手段説　103
主張責任　61
準備書面　48, 50, 52, 57, 59, 61, 75, 76, 151, 152
　──の交換　50, 61
準備的口頭弁論　62
照　会　21
証　言　72, 83
証拠共通の原則　190
証拠決定　91
証拠の採否　103
証拠保全　13, 34
　──の申立　13, 21
証拠保全決定　13
証人尋問　138
書　証　83
　──の認否　83
職権証拠調べの禁止　103

207

書面による準備手続　62
人証の申出　86, 88
新本質説　103
尋問事項書　88
尋問の手順　91
尋問の方式　139
審理計画　68, 82
請求の原因　42
請求の趣旨　42
請求を理由付ける事実　42
成功報酬　22
宣誓書　109
専門委員　55, 81, 63
争点の整理　78, 84
続審制　189
訴　状　28, 42
　　──の審査　42
訴訟委任状　9
訴訟費用　22
訴訟前の資料収集　21
損害賠償額　41

た　行

第1回口頭弁論期日　42, 46
タイムチャージ　22
着手金　8, 22
中間利息の控除　41
調　停　6
陳述書　75, 101, 104
提訴予告　21
テレビ会議システム　138
電話（トリオフォン）会議システム　62, 138
当事者照会　21, 69, 82
当事者照会書　70
答弁書　38, 42

な　行

日常用語　153

は　行

判決書　162
判決の起案　160
反対尋問　118, 131, 139
必要的記載事項　32, 42
附帯控訴　181, 189
附帯控訴状　182
不利益変更禁止の原則　189
文書送付嘱託　139, 109
文書提出義務　105
文書提出命令　92, 105
文書提出命令申立書　93
文書の成立の真正　83
弁護士の報酬に関する規定　22
弁護士費用　22
弁護士報酬の目安　22
弁論主義　61, 103
弁論準備手続　48, 62
　　──の開始　53
　　──の結果陳述　104
弁論の終結　159
報告書　13, 75, 83, 89
法廷用語　153
法テラス　22
法律関係文書　105
法律相談　3
法律扶助　7, 22
補充尋問　120
補　正　42
本質説　103
本人尋問　110, 138
本人訴訟主義　22, 41

ま　行

無断録音テープ　103

ら　行

ライプニッツ方式　41

ラウンドテーブル法廷　53
利益文書　105
録音テープ反訳書　96

わ行

和　解
　　訴訟上の――　170
　　――の開始　156
　　――の進め方　170
　　――の成立　183
　　――の打診　101, 182
　　――を試みる時期　170
和解調書　186

アクチュアル 民事の訴訟〔補訂版〕
The Actual Civil Procedure（supplemented ed.）

2005年4月10日　初　版第1刷発行
2016年4月30日　補訂版第1刷発行

著　者	福　永　有　利
	井　上　治　典
補訂者	中　島　弘　雅
	安　西　明　子
発行者	江　草　貞　治

発行所　株式会社　有　斐　閣

郵便番号 101-0051
東京都千代田区神田神保町2-17
電話(03)3264-1314〔編集〕
　　(03)3265-6811〔営業〕
http://www.yuhikaku.co.jp/

印刷　株式会社理想社／製本　牧製本印刷株式会社
©2016, E. Fukunaga, I. Inoue, H. Nakajima, A. Anzai. Printed in Japan
落丁・乱丁本はお取替えいたします。

★定価はカバーに表示してあります。

ISBN 978-4-641-13749-3

[JCOPY] 本書の無断複写(コピー)は、著作権法上での例外を除き、禁じられています。複写される場合は、そのつど事前に、(社)出版者著作権管理機構（電話03-3513-6969, FAX03-3513-6979, e-mail:info@jcopy.or.jp）の許諾を得てください。